스마트폰이 먹어 치운 하루

초 판 1쇄 발행   2013년 5월 30일
초 판 14쇄 발행 2025년 10월 1일

지은이 서영선
펴낸이 이지은   **펴낸곳** 팜파스
책임편집 박선희   **디자인** 최설란   **마케팅** 김민경, 김서희

출판등록 2002년 12월 30일 제10-2536호
주소 서울시 마포구 어울마당로5길 18 팜파스빌딩 2층
대표전화 02-335-3681   **팩스** 02-335-3743
홈페이지 www.pampasbook.com | blog.naver.com/pampasbook
이메일 pampas@pampasbook.com

값 12,000원
ISBN 978-89-98537-11-1 73810

ⓒ 서영선, 2013

- 이 책의 일부 내용을 인용하거나 발췌하려면 반드시 저작권자의 동의를 얻어야 합니다.
- 잘못된 책은 구입하신 서점에서 교환해 드립니다.

생각도둑, 시간도둑, 친구도둑, 공부도둑

스마트폰이 먹어치운 하루

글 서영선 | 그림 박연옥

팜파스

어린이 친구들에게

너희들은 지금 스마트폰을 갖고 있니? 아마 대부분 가지고 있을 거야. 스마트폰이 있는 친구들은 최신 스마트폰에 관심이 가 있고, 피처폰(구형 핸드폰)을 가지고 있는 친구는 엄마랑 실랑이를 벌이고 있겠지? 그만큼 스마트폰은 매력적인 기계니까. 이 스마트폰 때문에 엄마와 실랑이를 벌인 경험도 많이 있을 거야.

"엄마, 우리 반 애들 중에 피처폰 쓰는 애는 나밖에 없어요!"라고 엄마를 조르면, 엄마는 너에게 "안 돼! 네가 고학년이 되면 사 줄게."라고 대부분 말씀하시지. 그렇지만 엄마들이 단순히 너희에게 스마트폰을 사 주기 싫어서 그러는 건 아니야. 엄마들도 돌아서서는 이 스마트폰 때문에 고민이 많으셔.

'요새 아이들은 스마트폰이 없으면 왕따를 당한다는데…….'
이런 걱정에 옆집 아주머니에게 슬쩍 스마트폰에 대해 묻지. 그러면 들려오는 얘기는 정말 걱정스럽거든.

"우리 애한테 스마트폰이 생기고 나서는 만날 그것만 붙잡고 있어요!"

그런 말을 들은 엄마는 이런 생각이 저절로 들어.

'우리 애도 스마트폰을 사 주면 공부도 안 하고, 게임만 하고, 채팅만 하는 건 아닐까?'

자, 이번에는 너희에게 한 번 물어볼게. 엄마의 걱정이 괜한 걱정일까? 어쩌면 너희의 지금 모습이 옆집 아주머니의 대답과 같지는 않을까? 언제 어느 때나 스마트폰을 들고, 그것만 보고 있지는 않니?

사실 선생님 역시 얼마 전까지 스마트폰에서 헤어 나오지 못할 만큼 푹 빠져 있었어. 스마트폰으로 바꾸고 나니깐 참으로 신기하더라. 사진을 찍고 바로 블로그에 올릴 수 있고, 메일도 보낼 수 있고, 무료로 친구들과 채팅할 수 있고……. 요모조모로 쓸모 있게 만들어진 스마트폰을 보고 정말 왜 '스마트폰'이란 이름을 지었는지 알겠더라구!

그러면서 자연스레 왜 어른들이 너희가 스마트폰을 쓰는 걸 걱정하는지도 알게 되었어. 선생님 역시 전에는 안 그랬는데, 스마트폰으로 바꾸고 나서는 자꾸 휴대폰을 들여다보게 되었거든. '혹시 친구들한테서 문자는 안 왔나, 메일은 안 왔나, 뭔가 새로운 소식이 왔나?' 하고 말이야. 아무 소식이 없으면 괜히 궁금하고, 스마트폰이 없으면 불안해지기까지 했어. 평소 휴대폰을 잘 보지 않던 나조차 그렇게 바뀌었는데, 아마 너희들은 더하겠지? 너희는 궁금한 것도 많고 호기심도 많으니까. 하지만 스마트폰에 푹 빠지면 여러 가지 문제가 생기기도 해.

어쩌면 너희가 한 번도 생각해 보지 못한 문제가 불거져 나오기도 한단다. 온종일 채팅하고 게임하고 음악 듣고 영화 보느라 학교 공부는 소홀히 하게 되는 건 물론이야. 게다가 내 옆에 있는 친구와 가족을 소중하게 여기는 마음도 줄어들게 돼. 가상 세계에만 눈을 돌리고, 내 요구를 잘 들어주는 스마트폰에만 집중하느라, 실제 친구와 실제 세계는 잘 보지 못하는 거지. 눈부시게 빛나는 우리의 시간, 그리고 알찬 하루도 금세 없어지고 말아. 스마트폰에 푹 빠져 있느라 말이야.

스마트폰은 정말 똑똑한 기계야. 내가 슬기롭게 쓴다면 정말 무궁무진한 쓰임새를 가지고 있지. 하지만 그만큼 매력이 강해서 쉽게 빠져들게 돼. 스마트폰에 빠져서 자신의 생활을 잘 돌보지 못한다면 아무리 똑똑한 기계라 해도 나에게 좋지 않은 물건이 되겠지. 이제 이 스마트폰이 내게 좋은 물건이 될지, 나쁜 물건이 될지 우리가 직접 결정해 보자.

어떻게 결정을 하냐구? 바로 스마트폰을 똑똑하게 사용하는 방법을 적극적으로 알고, 자기 생활을 돌보며 사용하는 것이지. 이 책에 등장하는 윤아와 친구들도 너희와 똑같이 스마트폰의 매력에 흠뻑 빠졌단다. 그러다 스마트폰을 똑똑하게 쓰는 방법을 알게 되고 많은 변화를 겪었지. 자, 윤아와 친구들의 스마트폰 이야기를 한번 들어 볼까?

서영선

차례

어린이 친구들에게 4

우리는 대화 대신 터치를 한다! 10

치, 스마트폰 말고 내 눈을 보고 이야기하라구! 17

꼬마 악마 윤우 30

스마트폰 때문에 쁘띠를 잃어버리다!! 39

생각지도 못한 '촌티 공주' 사건!! 52

우리 학교 똥녀 4종 세트 61

살얼음이 풀리고, 아픈 만큼 자란다! 70

눈을 보고 말해요! 79

똑똑한 스마트폰으로 변신해라! 89

혹시 나도 스마트폰 중독은 아닐까? 104

스마트폰을 똑똑하게 쓰려면 어떻게 해야 할까요? 110

우리는 대화 대신 터치를 한다!

"축구 하러 나가자!!"

"오케이!"

"오늘은 최 메시가 나가신다. 각오해!"

"골이나 넣고 메시 타령을 해라, 응?"

우리 초등학교 4학년 5반 점심시간. 축구를 좋아하는 남자아이들 몇몇이 우르르 교실 밖으로 몰려 나갔다. 왁자지껄한 소리도 잠시, 이내 교실 안은 아주 조용해졌다. 반 아이들은 점심을 먹고 옹기종기 모여 고개를 숙이고 있었다. 모두 손에 들린 스마트폰을 들여다보고 있는 것이다.

스마트폰으로 팡팡 게임을 하는 친구들도 있었고, 스마트폰을 만지작거리면서 수다를 떠는 친구들도 있었다. 교실 앞자리에서 스마트폰으로 아이돌 음악을 함께 듣는 여자아이들이 까르르 웃음을 터트렸다. 어제 못 본 개그프로그램 동영상을 함께 보는 친구들도 있었다.

　윤아는 교실을 둘러보며 한숨을 내쉬었다. 아직도 스마트폰을 쓰지 않는 아이는 자신밖에 없는 것 같았다. 윤아는 친구들이 부럽기도 하고, 한편으로는 속상하기도 했다. 제일 친한 친구들조차 바로 옆에 있는 자기보다는 스마트폰에만 관심이 있기 때문이다. 윤아 옆에서 열심히 스마트폰을 보던 해나가 갑자기 큰 소리로 말했다.

　"허걱. 이게 정말이야?"

　윤아는 해나의 스마트폰을 들여다보더니 덩달아 소리쳤다.

　"에이, 말도 안 돼!"

　"왜? 그럴 수도 있지?"

　미리가 웃으면서 말했다. 곁에 있는 희서도 맞장구쳤다.

　"맞아. 이 얘기는 우리 언니가 다닐 때도 있었대. 내가 언니한테 그 얘기를 듣고 얼마나 무서웠는데."

　희서의 언니는 올해 우리 초등학교를 졸업해 중학생이 되었

다. 희서의 말에 윤아와 해나는 입이 떡 벌어졌다.

"그, 그럼. 그게 사실이라고?"

해나, 윤아, 미리, 희서는 지금 '톡톡 방'에 올라온 이야기를 하는 중이다. 누군가 스마트폰으로 우리 초등학교의 학교 괴담을 올렸는데, 지금 대화 애플리케이션 '톡톡'을 통해 그 이야기가 빠르게 번지고 있다. 처음에는 모두 말도 안 된다며 낄낄댔지만, 점점 새로운 정보와 사진이 '톡톡'에 올라오자 마치 진짜처럼 믿겨졌다. 윤아와 친구들은 왠지 오싹한 기분이 들었다. 바로 그때 새로운 글이 올라왔다.

띵동.

정우 10년 전 우리 초등학교에 5학년 김미희라는 학생이 있었다. 미희는 반에서 1등을 하는 모범생이었다. 어느 날 미희는 학교 시험이 끝나고 친구들과 만나기로 했다. 미희는 학교를 나서기 전에 화장실에 갔는데, 그날따라 화장실의 모든 칸에 사람이 있었다. 어쩔 수 없이 미희는 밖

으로 나가서 체육관 화장실에 가기로 했다. 체육관 문을 여니 으스스한 기운이 느껴졌다. 하지만 미희는 친구들과의 약속에 늦지 않으려고 얼른 화장실로 갔다. 화장실 문을 여니, 거기 한 아저씨가 서 있었다. 학교에서 단 한 번도 본 적이 없는 아저씨였다. 그 후로 다시는 미희의 모습을 볼 수 없었다. 몇 년 뒤, 체육관 화장실에서 종종 여학생의 모습이 보였다. 긴 생머리에 큰 눈, 하얀 얼굴이 미희와 아주 닮았다고 한다.

괴담왕 나도 체육관 화장실에 자주 가는데?

해나 나도!

준영 헉, 그럼 저번에 화장실에서 본 애가 그... 김미희? 그럼 내가 귀신을 본 거야?

그때 '수위 아저씨'라는 닉네임의 글이 올라왔다.

수위 아저씨 나는 우리 초등학교에만 10년 넘게 근무한 수위아저씨다! 김미희 학생의 이야기는 들었지만, 그

건 모두 거짓말이라고 생각했지. 그런데 몇 년 전 정말 믿기 힘든 일이 있었어. 아마 밤 열두 시 정도 됐을 거야. 혼자 순찰을 돌고 있었지. 체육관을 지나는데 자꾸 이상한 소리가 들리는 거야. 늦은 밤이라 아무도 없을 거라 생각하고 그냥 지나치려는데, 소리가 규칙적으로 들려왔어. 그 이상한 소리는 화장실 쪽에서 났지. 나는 머뭇거리며 화장실로 다가갔는데 거기서 바로 그 미희 학생을 본 거야. 내가 얼어붙어서 꼼짝 않고 있는데, 귀신이 스르르 사라졌어. 그런데 참 희한한 건 귀신의 눈이 참 슬퍼 보였다는 거야.

수위 아저씨의 글에 댓글이 주르르 달리기 시작했다.

- 에이, 순 뻥이구만.
- 그래도 뭔가 오싹해.
- 우리 학교에서 정말 그런 일이 있었단 말이야?
- 와, 소름 돋네!
- 우리 학교를 귀신의 집으로 임명합니다!
- 나도 보고 싶다.

- 너 정말 수위 아저씨 맞아?
- 제가 바로 수위 아저씨입니다. 누가 저라고 거짓말하나요?
- 나랑 같이 귀신 구경 갈 사람! 선착순!
- 에이, 이거 인터넷에서 퍼온 글이야! 시시해.

아이들의 댓글이 좌르륵 올라왔다. 윤아와 친구들은 댓글을 보고 킥킥거렸다. 이윽고 수업 종이 울렸다.

해나는 스마트폰의 소리를 꺼 놓고 필통 안에 집어넣었다. 필통 뚜껑을 열어 두면, 해나가 수업 중에 몰래 스마트폰을 보더라도 선생님께 들킬 염려는 없었다. 해나는 수업 시간 틈틈이 스마트폰을 확인하고, 댓글을 달았다. 선생님 몰래 스마트폰을 하니 더욱 짜릿했다! 해나의 짝 민기는 선생님이 보지 않을 때 스마트폰으로 게임을 하고 있었다. 스마트폰이 없는 윤아만이 수업 내용에 집중하는 것 같았다.

치, 스마트폰 말고 내 눈을 보고 이야기하라구!

수업이 끝난 후, 집에 가려고 윤아가 가방을 주섬주섬 싸는데, 해나가 다가왔다.

"윤아야. 왜 이렇게 늦어. 다 기다리고 있는데."

"……?"

"너, 문자 확인 안 했어? 오늘 떡볶이를 먹고 가자고 했잖아. 특별히 널 위해 문자도 따로 보냈는데. 으휴, 너도 엄마한테 스마트폰 좀 사 달라고 해라. 응?"

해나는 또 윤아에게 스마트폰 잔소리를 했다. 윤아의 얼굴이 금세 새빨개졌다.

'누구는 스마트폰을 사고 싶지 않은 줄 아나?'

해나가 이런 말을 할 때마다 윤아는 스마트폰이 없어서 친구들과 잘 지내지 못하는 것 같다는 생각이 들었다. 게다가 해나의 말을 듣고 있으면 왠지 무시당하는 기분마저 들었다. 윤아는 스마트폰이 없어서 은근히 주눅이 드는데, 그런 윤아의 마음을 해나는 잘 모르는 듯했다. 그럴 만도 한 것이, 해나는 늘 최신 기종의 스마트폰을 가지고 다닌다. 새 모델이 나오면 멀쩡한 스마트폰도 바꾸기 일쑤다. 오죽하면 별명도 '스마트폰 여왕'일까? 윤아는 해나의 투정에 마음이 상해 입을 꾹 다물었다.

해나와 윤아는 함께 교문을 나섰다. 횡단보도 앞에 혜은이가 서 있었다. 오늘도 영락없이 혜은이는 공주 차림새다. 해나가 혜은이 옷차림을 흘겨보았다.

"하여간 공주병이 점점 심해진다. 심해져!"

해나의 목소리는 아주 컸다. 마치 횡단보도 앞에 있는 혜은이가 일부러 들으라는 것처럼. 혜은이는 우리 쪽을 보지 않았지만, 아마도 그 이야기를 들었을 것이다. 윤아는 팔꿈치로 해나의 허리를 툭 쳤다. 혜은이가 들으니까 그만하라는 신호였다. 하지만 해나는 아랑곳하지 않고 더 큰 소리로 말했다.

"오늘은 핑크, 내일은 옐로우, 그 다음 날은 오렌지색! 완전 레인보우네, 레인보우. 일곱 빛깔 무지개!"

횡단보도 앞에서 신호를 기다리던 아이들이 해나의 말에 혜은이 쪽을 봤다. 아이들은 해나의 말이 무슨 뜻인지 알았는지 키득키득거렸다. 그러자 혜은이 얼굴이 더 빨개졌다. 신호가 바뀌는 순간, 혜은이는 얼른 건너편으로 뛰어갔다. 윤아는 한숨을 쉬며 해나에게 말했다.

"왜 그랬어?"

"뭘?"

"혜은이 말이야. 좀 안됐잖아?"

"저러고 다니니까 그렇지! 정말 꼴불견이야!"

"그래도!"

"솔직히 너도 쟤 재수 없잖아?"

해나의 말에 윤아도 아니라고 선뜻 대답하지 못했다. 공부도 잘하고, 도도해 보이는 혜은이가 윤아도 조금 불편할 때가 있긴 했다. 해나는 윤아의 반응에 피식 웃었다.

"괜찮아. 쟤 공주병인 거 모르는 애가 어디 있어?"

해나는 마치 내가 무슨 잘못을 했냐는 듯이 당당했다. 윤아는 해나를 말리려다 이내 그만두었다. 어차피 말린다고 해나가 그만하지 않을 거란 걸 알기 때문이다.

해나가 혜은이를 타박한 것은 한두 번이 아니었다. '레인보우'라고 놀린 것도 여러 번이고, 치마를 꿰매 바지로 만들어 주겠다고 한 적도 있었다. 그럴 때마다 혜은이는 못 들은 척 넘어갔지만 얼굴은 빨개졌다.

분식집에 들어가니 미리와 희서가 자리에 앉아 있었다. 희서가 둘을 보자마자 투덜댔다.

"아, 빨리 오지. 너희 기다리느라 떡볶이도 안 시켰어."

"미안, 미안! 윤아가 꾸물대서 늦었어. 윤아가 또 문자를 못 봤대. 정말 그 고물폰은 언제까지 쓸 건지!"

해나가 또 휴대폰 이야기를 꺼내자 윤아가 애써 너스레를 떨었다.

"야, 너보다 내가 훨씬 더 갖고 싶다고~!"

윤아는 웃으면서 농담처럼 말했지만, 가슴 한구석이 콕콕 쑤셨다. 그런 윤아의 기색을 알았는지 희서가 해나에게 말했다.

"아, 스마트폰 타령도 이제 지겹다! 해나, 너도 그만해."

"윤아가 스마트폰을 사야 우리 넷이서 대화방을 만들지. 그게 그렇게 힘들어? 우리 아빠한테 하나 더 사 달라고 할까?"

윤아의 얼굴이 점점 찡그려지자 희서가 다시 해나에게 핀잔을 주었다.

"으휴, 최해나. 그만하라니까!"

"됐어. 난 내 핸드폰도 괜찮아."

윤아가 떨떠름하게 말했다. 해나는 눈치 없이 그새 또 스마트폰을 들여다보고 있었다. 희서는 윤아의 어깨를 토닥여 주었다. 미리는 윤아에게 떡볶이를 하나 찍어서 입에 넣어 주었다. 윤아의 마음을 안다는 듯한 희서와 미리의 모습에 윤아는 금세 마음이 풀렸다. 곧이어 순대와 튀김이 나왔다. 해나는 좀 전에 잔소리하던 것은 금세 잊고 헤헤 웃으며 튀김을 찍어 먹었다.

윤아는 기가 막혔다. 오늘도 다른 때와 마찬가지다. 해나, 희서, 미리는 각자 스마트폰을 확인하느라 정신없었다. 스마트폰을 보고 댓글을 다느라, 음식을 먹느라 참 바빴다. 도대체 왜 오늘 여기에 모인 것인지 알 수 없을 지경이었다. 그때 해나가 소리쳤다.

"얘들아, 학교괴담 2가 올라왔다!"

윤아는 얼른 미리의 스마트폰을 봤다. 거기에는 흐릿한 귀신 사진이 올라와 있었다. '2월 14일 우리 학교에서 찍은 사진'이란 제목이 붙어 있었다.

"와~ 이거 진짜 무섭다!"

"대박!"

애들은 말하면서도 댓글을 다느라 손이 바빴다. 스마트폰이 없는 윤아만이 아무 할 일이 없어서 떡볶이만 줄곧 찍어 먹었다. 그러다 결국 윤아가 협박 아닌 협박을 했다.

"그만하고 좀 먹어라. 안 그러면 내가 다 먹는다!"

"잠깐만! 이것만 달고!"

"야, 이렇게 모였으면 얼굴을 보고 얘기해야지."

"응, 응."

하지만 애들은 잠깐 고개를 드는 시늉만 하고서 더 바삐 손을 놀렸다. 윤아는 옆자리를 봤다. 다른 테이블에서도 아이들이 고개를 숙이고 각자 부지런히 스마트폰을 하고 있었다. 윤아 혼자만 딴 세상에 있는 것 같았다. 윤아가 시무룩해지자, 해나가 스마트폰에서 키우는 강아지를 윤아에게 보여 주었다.

"얘 좀 봐. 내 강아지야. 귀엽지? 얘 이름은 토토야. 토토, 한번 짖어 봐."

해나의 말에 애플리케이션 속의 강아지 캐릭터 토토가 컹컹 짖으며 꼬리를 흔들었다. 해나는 토토가 매우 귀여운지 스마트폰 표면을 쓰다듬었다. 윤아는 그걸 보고 해나에게 말했다.

"귀엽네. 근데 이건 가짜잖아. 나는 이런 가짜가 아니라, 진짜 강아지를 키운다고. 우리 쁘띠가 얼마나 귀여운데. 내가 집에 들어가면 꼬리를 흔들면서 뛰어와."

쁘띠 생각만 해도 좋은지 윤아의 눈이 금세 반달이 되었다. 해나는 윤아의 말에 눈을 반짝였다.

"와, 좋겠다! 나도 쁘띠 보고 싶어! 사진 좀 보여 줘. 응?"

윤아가 휴대폰 사진 앨범을 뒤적여 쁘띠 사진을 보여 주었다.

"진짜 귀엽지?"

"응! 응! 정말 귀여워."

"뭔데? 나도 보여 줘!"

해나의 감탄에 희서와 미리가 그제야 스마트폰에서 눈을 뗐다. 두 사람은 여태껏 스마트폰에서 식당을 운영하고, 댓글을 다느라 해나와 윤아가 무슨 얘기를 하는지도 몰랐던 것이다. 해나는 쁘띠 사진을 보며 연신 부러워했다.

"아, 나도 강아지를 키우고 싶다! 이런 귀염둥이가 있으면 얼마나 좋을까?"

"너도 키우면 되잖아?"

희서의 말에 해나가 어깨를 축 늘어뜨렸다.

"우리 집은 아파트라서 엄마가 키우면 안 된대."

해나의 말을 들으니 윤아는 해나가 좀 가엾게 느껴졌다.

"강아지가 있으면 덜 심심할 텐데."

"그래도 우리가 있잖아. 항상 톡톡 방에서 불러!"

희서는 스마트폰을 흔들며 해나에게 말했다. 해나는 희서의 말에 활짝 웃었다. 그 순간 스마트폰 알림음이 들렸다.

띵동.

"어머, 종세가 들어왔어."

미리가 스마트폰을 보고는 얼굴이 붉어졌다. 종세는 미리가 유치원 때부터 좋아하는 옆 반 남자아이다.

"뭐해, 얼른 인사해야지!"

해나가 다그치자 미리는 쑥스러운지 고개를 흔들었다. 그러자 해나가 대신 말을 걸고 친구 방에 초대했다. 하지만 종세는 우연히 들어왔던 것인지 얼른 방을 나갔다.

"얘 뭐야? 왜 이렇게 금방 나가? 미리, 너는 얘가 왜 좋아? 좀 왕자병 같던데."

해나의 말에 미리는 대꾸하지 않았지만, 기분이 상한 눈치였다. 이번에도 희서가 해나를 타박했다.

"에이. 왕자병이라니? 내가 보니까 귀요미던데!"

"그래? 흠. 하긴 걔가 쫌 잘생기긴 했지, 공부도 잘하고. 그 정도면 미리의 남친 자격은 될 것 같네."

해나가 희서의 말에 수긍을 했지만 미리는 해나가 종세에 대해 이러쿵저러쿵 이야기하는 게 마음에 들지 않았다. 하지만 미리는 해나에게 서운하다는 말을 하지 않았다. 해나가 미리를 좋아하는 마음에 하는 말이란 걸 알기 때문이다. 다만 표현이 너무 솔직해서 상대방이 속상할 때가 자주 있지만 말이다. 윤아는 미리의 마음을 이해한다는 듯 손을 꼭 잡아 주었다. 해나가 금세 화제를 바꾸었다. 역시나 스마트폰에 관한 이야기다. '스마트폰 여왕'이라는 별명에 어울리게 해나는 언제나 최신 스마트폰 정보를 잘 알고 있었다.

"참, 다음 달에 새 스마트폰이 나온대. 마르세S8 말이야. 정말 궁금해! 얼른 나왔으면 좋겠다!"

"또 휴대폰을 바꾸려고? 넌 이걸로 바꾼 지도 얼마 안 됐잖아?"

"그래도 새 거를 써야지! 엄마한테 한 이삼 일만 조르면 사 주실 거야."

해나는 어깨를 으쓱하며 대답했다. 해나의 말에 윤아는 자기도 모르게 한숨을 내쉬었다. 그도 그럴 것이 해나가 '스마트폰 여왕'이라면 윤아는 '스마트폰 시녀'라고 느껴질 만큼 휴대폰 기종에 차이가 컸기 때문이다. 윤아와 반 친구들은 언제나 최신 스마

트폰만 들고 다니는 해나를 부러워했다. 그럴 때면 해나는 으스대며 새로운 스마트폰을 자랑했다. 윤아가 한숨을 쉬자 옆에 있던 희서가 덩달아 한숨을 내쉬었다.

"진짜 좋겠다. 난 일 년 내내 이 폰인데."

"야. 난 아직도 고물폰이야! 나보다 더 할까?"

윤아의 능청스러운 넋두리에 아이들이 까르르 웃었다. 어느새 영어 학원에 갈 시간이 되었다. 분식집에서 나와 네 친구는 나란히 횡단보도 앞에 섰다.

"아~, 우리가 모두 같은 학원에 다니면 좋겠다. 그치?"

해나의 말에 윤아, 희서, 미리가 고개를 끄덕였다.

"어, 쟤는 민재 아니야?"

해나의 옆에는 같은 반 친구인 민재가 이어폰을 꽂고 스마트폰을 들여다보고 있었다. 신호등이 초록불로 바뀌자 민재는 성급히 횡단보도에 발을 내딛었다. 바로 그 순간, 차가 빠른 속도로 횡단보도를 향해 달려오고 있었다.

"민재야, 조심해!"

해나가 잽싸게 민재의 배낭을 잡아당겼다. 차는 민재의 앞을 쌩하고 지나쳤다. 위기일발의 상황이었다! 민재는 꽤 놀랐는지 그대로 얼어붙었다. 이 광경을 지켜본 윤아와 희서, 미리도 가슴을 쓸어내렸다.

"야, 조심해야지! 너 때문에 놀랐잖아!"

해나가 민재에게 쏘아붙였다. 민재는 해나의 말이 들리지 않는지 어리둥절한 표정을 지었다. 해나는 민재 귀에 끼워진 이어폰을 잡아 뺐다.

"조심하라고! 너 때문에 정말 놀랐거든!"

"……어."

"치, 뭐니? 너? 고맙다는 말도 안 하고."

"……어, 그래. 고마워."

민재의 멍한 표정에 윤아와 친구들은 풋~ 하고 웃음이 나왔다. 큰소리치는 해나와 조용한 민재가 대비되어 어쩐지 잘 어울렸기 때문이다. 다음 신호가 바뀌자 윤아와 친구들은 횡단보도를 건넜다.

"민재, 진짜 큰일 날 뻔했어. 그렇지?"

윤아의 말에 모두 고개를 끄덕였다. 해나는 민재가 한심하다는 듯이 말했다.

"진짜 바보 아니니? 횡단보도를 건널 때 스마트폰을 보고 건너는 애가 어디 있어?"

"해나야. 너도 자주 그러잖아~."

희서의 말에 해나는 콕 찔리는지 우물쭈물하다가 이내 반박했다.

"난 정말 가끔 그런다고."

"어쨌건 너도 그러잖아. 아까는 정말 위험했어. 우리도 앞으로 조심하자."

차분한 미리의 말에 윤아와 희서는 고개를 끄덕였다. 해나도 뭔가 더 말하려다가 입을 다물었다.

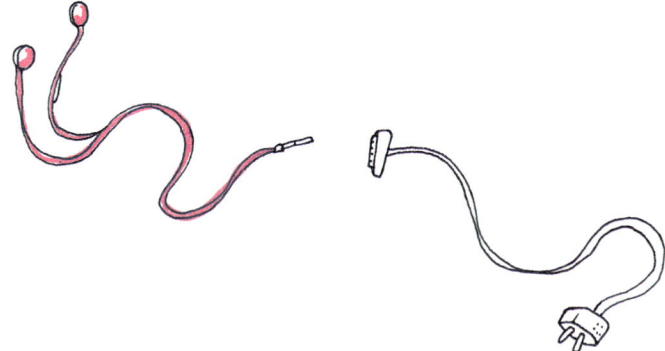

꼬마 악마 윤우

다음 날, 윤아가 교실로 들어서는데 희서가 급히 다가왔다.

"윤아야. 그 책 가져왔지?"

"뭐?"

"내가 너한테 어제 문자를 보냈잖아. 오늘 독후감을 써야 되니까 《레미제라블》을 빌려 달라고."

"정말?"

"너 또 문자 확인을 안 했구나? 힝. 윤아야~."

희서의 말에 윤아는 괜히 잘못을 저지른 것 같아서 마음이 찜찜했다. 희서는 울상이 되어 발을 동동

굴렸다.

"아, 어떡하지. 내일까지 독후감을 써야 하는데."

윤아는 휴대폰을 찾아 메시지를 보기 위해 가방을 열었다. 그런데 아무리 찾아봐도 휴대폰이 보이지 않았다. 가방을 홀딱 뒤집어도 휴대폰은 나오지 않았다.

"뭐해?"

어느새 윤아와 희서 곁에 해나가 와 있었다.

"내 휴대폰 말이야. 어디 갔지? 없어졌나 봐."

"야, 잘됐다! 이번 기회에 엄마한테 스마트폰을 사 달라고 해라. 응?"

"아이 참, 그만 좀 해!"

짜증이 치솟은 윤아가 해나에게 쏘아붙이자 해나가 찔끔하더니 자기 자리로 돌아갔다.

'대체 어디로 간 거지?'

윤아는 곰곰이 생각에 잠겼다. 분명 어제 집에 가서 거실 탁자 위에 휴대폰을 놓은 기억이 난다. 그러고 보니 남동생 윤우가 휴대폰을 만지작댔던 것 같다. 윤아는 윤우가 자기 휴대폰을 가져갔으리라고 금세 결론지었다.

윤우는 윤아와 4살 터울인 일곱 살 남동생이다. 윤우는 성격이 활발해서 손에 잡히는 대로 가져다 쓰고, 물건을 험하게 다뤄서 망가뜨리는 일도 자주 있었다. 윤아는 윤우가 자신의 휴대폰을 험하게 다룰까 봐 걱정되었다. 마침 미리가 윤아에게 웃으며 말했다.

"윤아야. 내가 희서한테 책을 빌려 주기로 했으니까 걱정 마."

속이 깊고 착한 미리는 말수는 적어도 친구들을 살뜰히 챙겨 준다. 윤아는 미리를 보며 싱긋 웃었다. 그러고서는 오늘 집에 가자마자 휴대폰부터 찾아봐야겠다고 생각했다.

"야, 김윤우! 어디 갔어? 당장 나와!"

윤아는 현관에 들어서면서 소리부터 질렀다. 쁘띠가 꼬리를 흔들며 달려왔지만, 화가 난 윤아에게 쁘띠는 안중에도 없었다. 그때 윤우가 윤아 방에서 나왔다.

"너, 또 내 방에서 뭐했어?"

윤아는 급한 마음에 신발을 흔들어 벗고 냅다 윤우를 잡으러 뛰었다. 윤우는 잽싸게 엄마 품으로 뛰어들었다. 엄마는 윤우를 안고 윤아를 나무랐다.

"윤아야. 신발을 저렇게 벗으면 어떻게 해! 얼른 제대로 정리해 놓고 와!"

"엄마, 윤우가 또 사고를 쳤어."

"그래도 신발 정리는 해야지. 얼른."

윤아는 입을 빼죽 내밀고 신발을 가지런히 정리했다. 윤아가 신발 정리를 마치고 돌아서는데 윤우가 혀를 날름거렸다. 그 순간 윤아는 화가 솟구쳤다.

"너 이리 와! 내 휴대폰을 어쨌어! 응?"

"몰라!"

"네가 어제 내 휴대폰을 만졌잖아!"

윤아의 성난 말에 엄마는 한숨을 쉬며 이야기했다.

"윤아야. 네 휴대폰을 윤우가 화장실 변기에 빠뜨렸나 봐."

"뭐라고?!"

엄마의 말에 윤아는 망연자실해져서 소파에 털썩 주저앉았다. 엄마는 윤아를 타이르며 말했다.

"속상하겠지만, 누나니까 네가 이해해 주렴. 윤우가 아직 어려서 실수한 거니까. 응? 자, 윤우야. 누나한테 미안하다고 해야지."

엄마가 뒤쪽에 숨어 있는 윤우를 앞으로 밀었다.

"누나, 미안해. 용서해 줘."

윤우의 사과는 엄마가 연습시킨 게 분명했다. 윤아는 서러움

이 왈칵 몰려 왔다.

"싫어! 용서 안 해! 휴대폰도 없이 어떻게 하라고! 스마트폰이 없는 것도 서러운데, 엄마는 너무해!!"

윤아는 엄마에게 소리치고는 방으로 들어가 문을 쾅 닫았다. 윤아는 눈물을 꾹 참고 침대에 누워 버렸다. 문 건너편에서 쁘띠가 낑낑대는 소리가 들렸다. 쁘띠도 윤아의 기분을 아는 모양이다. 엄마는 윤아가 속상해하자 더는 아무 말도 못하고 윤우를 나무랐다.

그 후 윤아는 며칠 동안 휴대폰 없이 지내야 했다. 문자 메시지를 못 보내자, 친구들과 연락하기가 영 불편했다. 해나는 윤아에게 이참에 엄마에게 스마트폰을 사 달라고 조르라고 말했다. 그럴 때마다 윤아는 힘없이 한숨을 내쉴 뿐이었다. 윤아의 엄마는 여전히 스마트폰에 대해 부정적인 의견이었기 때문이다.

학교 수업이 끝나고, 윤아는 집에 오자마자 방으로 쏙 들어갔다. 저녁밥을 먹을 때까지 윤아는 방에만 있었다. 저녁 시간이 되자 문밖에서 소란스러운 소리가 들렸다.

"윤아야, 어서 나와 봐라."

아빠의 목소리였다.

"누나, 빨리 나와 봐~아!"

뒤이어 밉상 윤우가 외쳤다. 윤아는 침대에 드러누워서 대꾸하지도 않았다. 이윽고 방문이 벌컥 열렸다. 윤아는 신경질적인 목소리로 말했다.

"들어오지 말라고!"

"아이쿠, 미안하다. 아빠가 노크를 안 했네."

윤우인 줄 알고 소리부터 지른 윤아는 아빠의 목소리에 자리에서 얼른 일어나 앉았다.

"아빠, 왜요?"

"아직도 화가 안 풀렸니? 윤우가 일부러 그런 건 아니니까 마음을 풀지 그래."

"봐서요."

윤아는 새치름하게 대답했다.

"휴대폰이 없어서 많이 답답하지?"

아빠의 다정한 말에 윤아는 왠지 눈물이 났다. 그동안 하소연을 하고 싶은 말이 저절로 나왔다.

"친구들은 다 스마트폰을 쓰는데 저만 옛날 휴대폰이었다고요. 그것 때문에 얼마나 놀림을 받았는데요. 근데 이제는 그것조차 없어서 애들이랑 연락도 못해요. 우리 반에서 휴대폰이 없는 아이는 저 하나뿐이라고요."

윤아가 눈물을 글썽거리자, 아빠는 윤아 등을 토닥거리며 말했다.

"아빠는 늘 새 물건이 좋은 것도 아니고, 학생한테 스마트폰이 필요하지 않을 거라 생각해. 그리고 자신의 물건을 소중히 아껴야지. 쓰다가 쉽게 버리고 바꾸면 물건의 소중함을 모른단다. 그래서 휴대폰을 안 바꿔 준 거야. 하지만 우리 윤아는 자기 물건을 그동안 잘 썼으니까, 여기 선물이야."

아빠가 내민 것은 바로 새 휴대폰이었다. 그것도 스마트폰이었다!

"아, 아빠!!"

"우리 딸은 이제 물건의 소중함을 잘 알 테니까. 이 휴대폰도 잘 쓸 수 있지?"

"고맙습니다! 잘 쓸게요!"

"만날 스마트폰만 하고 있으면 당장 압수다, 알았지?"

엄마가 방문

사이로 얼굴을 빠끔히 내밀고 윤아에게 경고했다. 열린 문틈 사이로 윤우가 스마트폰을 구경하려고 뛰어왔다. 쁘띠도 꼬리를 흔들며 윤아 발밑을 맴돌았다. 최신형은 아니었지만 처음 스마트폰이 생긴 윤아는 하늘을 날아갈 것 같았다.

- 나 새 폰 생김. 스? 마? 트? 폰!

윤아는 바로 친구들에게 문자를 날렸다. 해나는 바로 축하 인사를 보냈다. 희서와 미리도 신이 나 윤아를 대화방에 초대했다. '톡톡' 대화방에서 이야기하는 것은 시간이 가는 줄도 모를 정도로 재미있었다.

"윤아야. 그만하고 얼른 자!"

엄마의 불호령에 윤아는 냉큼 불을 끄고 침대에 누웠다. 그때 또 '톡톡'이 왔다. 윤아는 이불을 머리까지 끌어당겨 덮고 '톡톡'을 했다. 윤아는 새로운 세상에 푹 빠졌다. 바로 스마트폰 세상 말이다.

스마트폰 때문에 쁘띠를 잃어버리다!!

"빨리 일어나! 너 또 밤새 그거 했어? 정말 스마트폰을 없애든가 해야지, 원!"

오늘 아침에도 어김없이 엄마의 잔소리가 쏟아졌다. 윤아는 졸린 눈이 떠지지 않아 이불을 뒤집어쓰고 모로 누웠다. 이렇게 제때 일어나지 못한 게 벌써 며칠 째다.

"어서 발딱 일어나. 안 그러면 지각이야. 전에는 일찍 일어나던 애가 왜 이렇게 잠이 늘었어!"

엄마는 잔소리를 한바탕 늘어놓고 방을 나갔다.

'딱 5분만 더 잤으면.'

윤아는 너무 피곤했다. 어젯밤에도 애들이랑 톡톡 방에서 얘기하다가 언제 잠들었는지도 모르겠다. 윤아는 졸린 눈을 비비며 머리맡의 스마트폰부터 찾았다. 톡톡 방에는 밤새 수백 개의 글들이 올라와 있었다. 윤아는 스마트폰을 잡고 댓글을 확인하며 킥킥거렸다. 그때 엄마가 다시 방으로 들어와 윤아 머리에 꿀밤을 주었다.

"당장 나와서 씻어!"

윤아는 그제야 부스스 일어나서 간신히 세수했다. 그리고 나서 식탁에 앉아 밥을 먹을 때도 스마트폰을 보느라 깨작대었다. 윤아의 행동을 본 엄마는 마침내 화가 폭발했다.

"그 스마트폰을 이리 내! 당장! 압수야!"

윤아는 스마트폰을 뺏는다는 엄마의 불호령에 정신이 퍼뜩 들었다. 윤아는 허겁지겁 밥을 먹고, 얼른 가방을 메고 밖으로 내달렸다. 그 덕분에 간신히 지각을 피할 수 있었다. 윤아는 숨을 몰아쉬며 교실 문을 열었다. 해나가 다가와 윤아에게 반갑게 인사했다.

"윤아야. 시험공부는 잘했어?"

"……."

"엥? 내 말 안 들려? 윤아야, 시험공부 잘했냐고!"

해나가 윤아의 귀에 대고 소리를 빽 질렀다. 아침부터 정신이 몽롱한 윤아는 그제야 해나를 보았다.

"어, 들었어. 톡톡에 올리지 그랬어?"

윤아가 심드렁하게 대꾸하자, 해나가 황당한 표정을 지었다.

"너, 얼마 전까지만 해도 얼굴을 보고 말하자던 그 윤아 맞니?"

은근히 비꼬는 해나의 말투에 희서가 다가와 해나 등을 툭 쳤다. 그만하라는 신호였지만, 해나는 아랑곳하지 않고 말했다.

"윤아야, 너 엄청 달라진 거 알아? 학교에서 꾸벅꾸벅 졸고, 시험공부는 하니? 우리의 모범생 윤아가 맞아?"

"그래서 뭐?"

윤아는 건성으로 대답을 하며 스마트폰을 들여다봤다. 그러자 해나가 윤아의 스마트폰을 낚아챘다. 그 순간 윤아의 눈길이 매서워졌다.

"뭐하는 짓이야? 당장 돌려줘! 넌 왜 그렇게 네 멋대로야?"

윤아의 차가운 말에 해나와 희서의 표정이 굳었다. 해나는 애써 화를 누르며 말했다.

"얼굴을 보고 이야기하자며. 네가 저번에 말했잖아. 기억 안 나?"

"하, 네가 그런 말을 하니까 더 웃기다. 언제부터 그렇게 했다고 그래?"

"윤아야. 너 정말……."

"사실 너, 그동안 나한테 스마트폰이 없다고 무시했잖아. 매번 톡톡으로만 이야기해서 날 따돌리고. 안 그래?"

해나가 말문이 막혔는지 아무 말도 하지 않았다. 그러다 교실 밖으로 나가 버렸다. 희서가 해나 뒤를 쫓아갔다. 윤아가 신경질적으로 머리를 쓸어 넘기고 있는데, 미리가 다가왔다.

"윤아야, 왜 그랬어?"

"내가 뭘? 해나가 날 무시한 거 너도 다 알잖아?"

윤아가 대답하자 미리가 굳게 입을 다물었다. 그러자 윤아는 한숨을 푹 내쉬었다.

"아, 진짜 오늘 아침에 나 왜 이러지. 미안해. 화내서."

윤아가 이내 후회하는 기색을 보이자 미리가 부드럽게 웃으며 말했다.

"해나가 좀 거침없이 말하는 편이잖아. 나도 가끔 해나 말에 상처 받을 때가 있어. 그래도 해나 마음은 착하고 여려. 오늘 일은 네가 좀 심한 것 같아."

"…알아. 나도."

"해나가 특히 널 더 좋아하잖아. 네가 스마트폰이 생긴 다음부터 계속 그것만 보고 있으니까 서운했나 봐."

미리의 말을 듣고 보니 정말 그랬다. 제일 먼저 윤아에게 스마트폰이 생긴 것을 축하해 주던 해나가 이제는 점점 그걸 싫어하는 것 같았다. 미리는 윤아의 손을 잡았다.

"네가 먼저 해나에게 사과할 거지?"

윤아는 미리의 말에 고개를 끄덕였다.

학교를 마치고 윤아가 집에 들어오니 강아지 쁘띠가 쪼르르 와서 윤아를 반겼다. 엄마가 주방에서 나와 윤아에게 말했다.

"윤아 왔니? 배고프지. 간식 먹고, 오랜만에 쁘띠 산책 좀 시켜 주렴."

"나 피곤해. 다음에."

"매번 다음이라고 했잖아. 이번에는 안 돼."

"오늘은 정말 쉬고 싶다고!"

윤아가 갑자기 신경질을 부리자, 엄마는 놀란 얼굴로 윤아를 보았다. 윤아는 터덜터덜 방으로 들어갔다. 이윽고 엄마가 간식 쟁반을 챙겨 들고 방에 들어왔다. 간식 쟁반을 책상에 내려놓으며 엄마가 윤아에게 말했다.

"윤아야. 쁘띠를 데려올 때 엄마한테 한 약속 기억나니?"

"몰라. 기억 안 나."

"그럼 엄마가 말해 줄게. 쁘띠를 동생처럼 잘 챙겨 주고, 아껴 준다고 했어. 그런데 요즘 네 행동을 보면 쁘띠를 아껴 주는 것 같지 않아. 산책도 정말 오랫동안 하지 않았고."

"피곤하니까 그렇지."

"맨날 스마트폰만 붙들고 있으니까 피곤하지. 밥도 제때 안 먹고, 잠도 자지 않고. 아무래도 스마트폰을 없애든가 해야겠어."

엄마의 말에 윤아는 울컥해서 말했다.

"엄마는 왜 맨날 스마트폰을 없앤다고 해?"

"네가 스마트폰 때문에 달라지고 있으니까. 늘 피곤해 하고, 신경질도 늘고 말이야. 안 그래?"

"……."

윤아는 순간 오늘 해나와 다툰 일이 떠올랐다. 아무 말도 하지 않는 윤아를 보고, 엄마는 윤아의 머리를 쓰다듬었다.

"스마트폰을 없애지 않을 테니까, 쁘띠랑 산책은 다녀오렴. 쁘띠가 너랑 놀고 싶어서 안달 났어. 알았지?"

엄마는 방을 나가자 윤아는 한숨을 폭 쉬었다.

오늘 하루는 정말 엉망진창이다. 엄마한테 혼나고, 해나랑도 싸우고. 근데 몸은 너무 피곤했다. 윤아는 침대에 누워 곰곰이 생각해 보았다. 그러고 보니 쁘띠랑 산책한 지도 정말 오래 되었다. 예전에는 쁘띠랑 산책을 가는 걸 정말 좋아했는데. 윤아는 요즘 정말 자신이 이상해지는 것 같았다.

"그만 달려, 쁘띠. 나 이제 힘들어!"

오랜만에 산책을 하는 쁘띠는 신이 났는지 이리 뛰고 저리 뛰었다. 윤아는 쁘띠를 부지런히 쫓아다니다가 공원 벤치에 털썩 앉았다. 저만치 앞서 가던 쁘띠가 다시 윤아에게 뛰어왔다. 쁘띠는 윤아 다리에 몸을 비볐다. 쁘띠는 더 가고 싶은 눈치였다. 윤아는 고개를 저었다.

"미안, 난 이제 힘들어서 쉬어야 해. 너도 조금만 쉬어."

윤아는 벤치 옆자리를 두드렸다. 쁘띠가 풀쩍 뛰어 윤아 옆에 자리 잡았다. 윤아는 주머니에서 스마트폰을 꺼냈다. 윤아는 열심히 '톡톡'을 하고, 애플리케이션으로 놀고 있었다. 얼마나 시간이 지났을까? 뭔가 허전한 기분에 윤아는 옆을 보았다. 그런데 자리에 있어야 할 쁘띠가 없었다. 윤아는 가슴이 철렁 내려앉았다. 스마트폰에 빠져 있느라 쁘띠가 사라진 것도 모르고 있었던 것이다!

"쁘띠야! 쁘띠야!"

윤아는 공원을 돌고 또 돌았다. 쁘띠는 어디에도 보이지 않았다. 원래 자리로 돌아온 윤아는 벤치에 주저앉았다. 주머니에 손을 넣으니 스마트폰이 손에 걸렸다.

'다 스마트폰 때문이야. 쁘띠를 잃어버린 것도, 해나랑 싸운 것도!'

윤아는 울고 싶었다. 그때 친구들에게 도움을 청해야겠다는 생각이 들었다. 윤아는 문자 메시지를 보냈다. 이윽고 희서와 미리의 문자가 도착했다.

- 나 학원이야. 어떡하지…ㅠㅠ
- 정말? 어떻게 해. 나 엄마랑 친척 집에 왔어. 멀어서 못 갈 것 같아.

친구들의 문자를 보고 윤아는 울상이 되었다. 문득 해나 생각이 났다. 오늘 해나와 싸우지 않았다면, 해나는 곧장 달려올 친구였다. 윤아는 망연자실해져서 땅바닥만 쳐다보았다.

"뭐해? 쁘띠 찾으러 가야지!"

갑자기 들리는 당찬 목소리에 윤아가 깜짝 놀라 고개를 들었다. 윤아 앞에는 해나가 뛰어왔는지 숨을 몰아쉬고 있었다. 윤아는 당황해서 말을 더듬었다.

"어, 어. 해나야, 네가 어떻게?"

"희서랑 미리한테 연락을 받았어. 너한테 화가 좀 났지만, 귀요미 쁘띠는 찾아야지?"

해나답게 역시 직설적인 말투였지만, 윤아는 해나가 밉지 않았다. 오히려 싸우고 난 뒤에도 자신을 도우러 뛰어온 해나가 고마웠다.

"해나야. 고마워."

"그런 말은 쁘띠를 찾고 나서 해. 역시 스마트폰보다 친구가 최고지?"

해나 말에 윤아는 배시시 웃었다. 윤아는 조금씩 기운이 났다. 윤아와 해나는 공원을 몇 바퀴 돌았다. 그러나 아무리 찾아도 쁘띠가 보이지 않자, 둘은 기운이 빠져서는 터덜터덜 걸었다.

"이제 어떡하지?"

해나가 침묵을 깨고 윤아에게 물었다. 그러자 윤아가 울먹이며 대답했다.

"모르겠어. 이게 다 나 때문이야."

바로 그때 해나가 손뼉을 쳤다.

"아! 바로 그거야!"

"뭐가?"

"역시 난 아이디어 뱅크라니까!"

"뭔데 그래?"

윤아가 재촉하자 해나가 스마트폰을 꺼내 들었다.

"톡톡에 '우리 동네방'이 있어. 거기에 쁘띠를 찾는 글을 올리자. 그리고 반 친구들한테도 모두 톡톡을 보내고. 이 근처에서 쁘띠를 본 사람들이 있으면 우리에게 알려 달라고 부탁하는 거야. 쁘띠 사진을 나한테 보내 봐."

해나는 톡톡 방에 쁘띠의 사진을 올리고, 쁘띠를 보신 분은 꼭 연락 달라는 호소문을 함께 올렸다. 윤아는 과연 이 방법이 통할지 반신반의했다. 하지만 별다른 방법이 없었다. 어느덧 날이 저물어 어둑해지고 있었다. 두 사람은 아무 말 없이 스마트폰만 만지작거렸다. 윤아는 용기를 내어 해나에게 말했다.

"해나야, 아까 미안했어. 요새 내가 잠을 못자서 신경이 날카로웠나 봐······."

"됐어. 나도 잘못했는걸 뭐. 그동안 네 기분이 어땠을지 알겠더라. 다 같이 만나도 우리가 매번 스마트폰만 보고 있으니, 너도 답답하고 심심했을 거 같아. 막상 네가 스마트폰에 빠지니까 왠지 섭섭했어. 내 친구를 빼앗기는 것 같기도 하고. 헤헤."

둘은 마주 보고 밝게 웃었다. 솔직히 말하고 나니 기분이 훨씬 좋아졌다.

"근데 시험공부는 했어? 다음 주가 시험이잖아."

해나 말에 윤아는 뜨끔했다. 스마트폰만 잡고 있느라 그간 시험공부는 뒷전이었다. 새 음악과 애플리케이션을 다운받으랴, 게임하랴, 아바타를 예쁘게 꾸미랴, 댓글 달고 확인하랴, 윤아는 스마트폰을 하느라 엄청 바빴던 것이다. 윤아가 한숨을 푹 내쉬며 말했다.

"아니. 큰일 났어. 나 공부를 하나도 못했어, 어쩌지?"

"괜찮아. 넌 그래도 기본 실력이 있잖아. 우리 반 일등인데."

해나가 윤아의 등을 토닥여 주었지만, 윤아는 조바심이 났다.

딩동.

"어, 이거 봐. 쁘띠야, 쁘띠를 찾았어!"

해나의 폰으로 쁘띠를 데리고 있다는 연락이 온 것이다. 마침 공원에 산책을 나온 반 친구네 엄마가 쁘띠를 발견한 모양이다. 두 사람은 공원을 가로질러 내달렸다.

"쁘띠야!"

쁘띠가 뛰어올라 윤아의 품에 안겼다. 반 친구 민수네 엄마가 쁘띠가 돌아다니는 걸 보고 집을 잃은 강아지인 것 같아서 보호하고 있었다고 했다. 윤아는 민수네 엄마께 꾸벅 인사했다.

"고맙습니다. 고맙습니다!"

"그래. 주인을 찾아서 다행이야. 다음에는 절대 잃어버리면 안 돼. 알겠지?"

마음씨 좋은 민수네 엄마께 윤아와 해나는 감사의 말을 전하고 돌아섰다. 벌써 날이 깜깜해졌다. 윤아는 아빠에게 전화해 마중을 나와 달라고 했다. 윤아의 아빠는 큰 길로 차를 몰고 와 윤아와 해나를 태웠다. 해나의 아파트 앞에서 해나가 내리자 윤아가 밝게 인사했다.

"잘 가. 내일 보자."

"조심히 들어가렴."

윤아의 아빠도 인자하게 인사하자, 해나는 꾸벅 인사를 했다. 윤아네 차가 아파트 단지를 빠져나갈 때까지 해나는 손을 흔들어 주었다.

생각지도 못한 '촌티 공주' 사건!!

"아, 시험도 망치고. 난 이제 엄마한테 죽었다!"

해나가 투덜거렸다. 옆에 있는 윤아는 아무 말도 못했다. 해나의 말이 귀에 들어오지 않을 만큼 충격을 받았기 때문이다. 윤아는 이번 시험에서 사상 최악의 점수를 받았다. 스마트폰으로 노느라 시험공부를 제대로 못한 대가를 톡톡히 치른 것이다.

늘 일등을 놓친 적이 없는 윤아였기에 담임 선생님도 윤아의 이번 점수에 매우 놀라셨다. 윤아에게 집에 무슨 일이 있냐고 물을 정도였다. 윤아는 엄마에게 시험 점수를 말할 생각을 하니 가슴이 떨렸다. 이대로 집에 가면 엄마도 시험 점수에 실망할 것이다. 무엇보다 윤아는 자존심이 상했다.

"넌 이번에도 일등이지?"

"이번에는 혜은이가 일등이라던데?"

해나가 묻자 윤아의 짝 준수가 대신 대꾸했다. 해나는 놀라 눈을 치켜떴다.

"혜은이가 일등이라고? 윤아를 제치고? 말도 안 돼!!"

윤아는 해나의 말에 더욱 부끄러웠다. 바로 그때 혜은이가 교실로 들어왔다. 노랑 치마에 분홍 구두를 신은 혜은이의 모습에 해나는 눈초리가 매서워졌다.

'도대체 저 촌티는 어쩔 건데? 노랑 치마에 분홍 구두? 우웩!'

해나는 스마트폰으로 혜은이의 모습을 사진으로 찍었다. 분홍 구두를 신은 발, 살랑거리는 노랑 치마의 공주 패션을 사진으로 찍었지만, 혜은이는 전혀 눈치 채지 못한 것 같았다. 해나는 혜은이의 사진에 '촌티 공주'라는 제목을 붙여서 친구들에게 보냈다. 희서와 윤아, 미리는 사진을 보고 저도 모르게 웃음을 터뜨렸다. 해나가 어떻게 찍은 건지 혜은이의 사진은 유난히 우스꽝스러워 보였다.

"야, 큰일 났어. 다들 밖으로 나와 봐."

희서의 상기된 목소리에 해나와 윤아, 미리는 운동장으로 나갔다. 점심시간이라 운동장에는 남자아이 몇몇이 축구를 하고 있었다. 해나가 희서에게 물었다.

"무슨 일인데?"

"해나야. 너 아까 그 사진을 어디에 올렸어?"

"무슨 사진?"

해나는 영문을 모르겠다는 듯 눈을 동그랗게 떴다.

"설마?"

미리는 희서의 말이 뭔지 알겠는지 중얼거렸다.

"아, 뭔데. 얼른 말해!"

성격이 급한 해나가 재촉하자 희서가 큰일 났다는 표정으로 입을 열었다.

"네가 아까 올린 혜은이 사진 말이야. 그거 우리 반의 공개방에 올렸지? 그 사진이 떠돌고 있어. 벌써 댓글이 백 개가 넘었대!"

"헉! 너네한테만 보낸 건데! 그게 왜 공개방에 올라가?"

해나는 급히 자기 폰을 뒤적였다. 그리고는 재빨리 문제의 사진들을 앨범에서 지웠다. 해나는 사진을 지운 뒤 톡톡 방을 들여다보았다. 해나의 얼굴빛이 어두워졌다.

"아, 어떡해. 네 말이 맞네. 아까 급히 보내느라고 그만 실수했나 봐!"

반 친구들이 사진 속 주인공을 찾아내는 건 시간문제였다. 게다가 주인공인 혜은이도 그걸 봤을지 모른다.

"이걸 어떡하지? 일부러 그런 건 아닌데. 정말 큰일이다."

해나가 안절부절못했다. 워낙 스마트폰을 자주 하다 보니, 앞으로 어떤 일이 벌어질지가 머릿속에 대충 그려졌기 때문이다.

"다른 애들이 혜은이란 걸 알면, 사진 때문에 혜은이가 놀림감이 될 텐데. 어쩌지?"

희서가 말하자 모두 아무 말 없이 고개를 끄덕였다. 이것은 평소 해나가 혜은이에게 툴툴대는 것과는 차원이 다른 문제다. 톡톡 방을 타고 사진은 다른 반 아이들한테까지 퍼질 수도 있다. 어쩌면 이것 때문에 혜은이가 아이들에게 크게 놀림을 당할지도 모른다.

"어떻게 하지?"

희서의 말에 해나가 결심했는지 고개를 들었다.

"어쩔 수 없어. 이미 엎질러진 물인걸. 이제 혜은이도 촌스러운 공주 옷은 그만 입겠지, 뭐."

윤아가 어이없어하며 해나에게 말했다.

"해나야. 그게 중요한 게 아니잖아. 네가 벌인 일인데 그렇게 무책임하게 말하면 어떻게 해?"

희서도 해나의 뻔뻔스러운 말에 화가 난 듯 다그쳤다.

"맞아. 해나야. 네가 어떻게든 해결해야지. 방법을 생각해 봐. 이건 우리가 너한테 내는 숙제야."

미리도 고개를 끄덕이며 말을 덧붙였다.

"그래. 우리도 어떻게 하면 좋을지 곰곰이 생각해 볼게."

윤아는 걱정이 쌓여가는 기분이었다. 당장 떨어진 시험 성적 때문에 엄마한테 혼날 것도 걱정인데 해나 일까지 겹쳤다. 평소 성급한 해나의 행동을 보면 이런 일이 언젠가는 생길 것만 같았다. 해나도 자기 잘못을 알고는 있는지 표정이 시무룩했다.

성적 때문에 엄마에게 호되게 꾸지람을 들은 윤아는 풀썩 침대에 누웠다. 윤아는 습관처럼 스마트폰을 꺼내려다 말았다. 왠지 그 안에 담긴 톡톡 방을 보기가 두려웠다.

다음 날 윤아의 걱정대로 혜은이의 사진은 반 전체에 퍼져 나갔다. 모두 사진 속 인물이 혜은이란 걸 알아낸 것이다.

"야, 촌티 공주! 어디 가냐? 똥 누러 가냐?"

"촌티 공주! 촌티 공주! 촌티 여왕!"

윤아가 교실로 들어서자, 몇몇 짓궂은 남자아이들이 혜은이를 놀리고 있었다. 혜은이는 얼굴은 물론 목덜미까지 빨개졌다.

"야, 유치하게 굴래?"

해나가 남자아이들에게 소리를 빽 질렀다. 혜은이는 놀라서 해나를 쳐다봤다. 평소 혜은이를 비꼬던 해나가 갑자기 혜은이를 위해 나섰기 때문이다. 혜은이는 해나를 고맙다는 눈빛으로 쳐다보았다. 해나는 차마 혜은이를 보지 못하고 고개를 돌렸다. 윤아는 해나와 혜은이의 모습에 절로 한숨이 나왔다.

역시나 스마트폰을 통해 악성 댓글들이 점점 늘어났다. 윤아, 희서, 미리, 해나가 아무리 혜은이를 위한 댓글을 달아도 금세 묻혔다.

"촌티 공주!"

"쟤 맞지?"

"촌티 공주, 그대를 이제 촌티 여왕으로 임명하노라."

혜은이가 지나가면 아이들은 마치 들으라는 듯 큰 소리로 놀려 댔다. 뭐가 그리 재미있는지 혜은이의 머리 스타일이나 옷차림을 보고 킥킥거리는 아이들도 있었다. 처음에는 아무렇지 않게 넘기던 혜은이도 놀림이 심해지자 점점 울상이 되어갔다. 윤

아는 혜은이를 보는 것이 마음 아팠다. 해나도 마음이 편치 않은 것 같았다. 자신의 생각보다 아이들의 놀림과 따돌림이 거세지자 어떻게 할 방도가 없어 보였다.

윤아는 무거운 마음으로 집에 도착했다. 반갑게 달려오는 쁘띠조차 안아 줄 마음이 들지 않았다. 엄마는 설거지를 마치고 단호한 얼굴로 윤아 앞에 앉았다.

"자, 내놔."
"뭘?"
"스마트폰. 이제 더는 안 되겠어. 엄마는 네가 스마트폰을 현명하게

잘 쓸 줄 알았어. 하지만 넌 스마트폰에 얽매어서 공부는커녕 네 생활도 제대로 못하는 것 같구나. 다음 시험 때까지 스마트폰은 압수야. 엄마한테 줘."

윤아는 순순히 가방에서 스마트폰을 꺼내 엄마에게 내밀었다.

"네가 학교에 갈 때는 엄마가 다시 주마. 하지만 다음 시험 때까지도 공부를 하지 않고 스마트폰에만 매달리면 그때는 휴대폰을 당장 해지할 거야, 알았니?"

윤아는 힘없이 고개를 끄덕였다. 방으로 들어온 윤아는 침대에 누웠다. 맥이 빠졌다. 아까 학교에서 울상을 한 혜은이가 자꾸 마음에 걸렸다. 해나도 걱정됐다. 해나 역시 혜은이가 신경 쓰여서 어쩔 줄 모르는 것 같았다.

'스마트폰이 있으면 어떻게 됐는지 알 수 있을 텐데.'

윤아는 자기도 모르게 허공에 손가락으로 스마트폰에 터치하는 시늉을 했다.

'이럴 땐 요니팡 게임을 하면 기운이 날 텐데.'

윤아는 음악도 듣고 싶고, 게임도 하고 싶고, 대화방에 들어가고 싶었다. 그래서 컴퓨터를 켜고 인터넷을 했지만 인터넷이 예전만큼 재미있지 않았다. 공허해지는 마음에 윤아는 더욱 울적해졌다.

'내가 그동안 정말 스마트폰에 푹 빠져 있었구나.'

윤아는 숙제를 하기로 했다. 그러나 책상 앞에 앉아서도 머릿속은 스마트폰 생각으로 멍했다.

우리 학교 똥녀 4종 세트

아침에 눈을 뜬 윤아는 습관적으로 머리맡을 더듬었다.

'아, 그렇지. 엄마에게 휴대폰을 주었지.'

윤아는 아침밥을 먹으면서도 무언가 허전한 느낌이 들었다. 그러자 엄마가 엄한 목소리로 말했다.

"얼른 밥 먹지 못해?"

"어, 왜?"

"네 손을 좀 봐라. 왜 손가락을 움직여?"

윤아는 순간 놀라 움찔했다. 또 스마트폰에 터치하는 시늉을 하고 있는 것이다. 윤아는 자신이 이토록 스마트폰에 빠져 있는지 몰랐다.

"윤아야. 너 정말 그러다 스마트폰에 중독돼! 학교에서도 꼭 필요할 때만 써야 돼. 알았지?"

엄마는 가방을 메고 나가려는 윤아를 걱정스럽게 보며 스마트폰을 건네주었다. 윤아는 문을 나서자마자 잽싸게 스마트폰의 전원부터 켰다. 어제 혜은이 일이 어떻게 되었을지 궁금했다.

'이런, 말도 안 돼!'

아직도 혜은이 일은 그대로였다. 아니, 더 심각해졌다. 혜은이 사진에는 여러 버전으로 다시 올라와 있었다. 거지 왕자의 청혼을 받는 혜은이, 노랑 치마에 누더기를 기운 혜은이 등등. 혜은이의 공주 패션을 비꼬는 사진과 댓글들이 아주 많았다. 윤아는 마음이 무거워졌다.

'나도 이런데. 혜은이 심정은 어떨까.'

윤아가 교실로 들어서자 해나가 후다닥 다가왔다.

"너 어제 왜 대화방에 안 들어왔어? 내가 얼마나 찾았는데."

"시험 성적이 떨어져서 엄마에게 스마트폰을 뺏겼어. 이제 당분간 집에서는 휴대폰을 못해."

"휴…. 그렇구나. 오늘 톡톡 방을 봤어? 일이 더 심각해졌어."

역시나 해나도 혜은이 일을 말하는 거였다. 그때 희서와 미리가 다가왔다.

"야, 아주 난리가 났더라. 큰일이야. 이렇게까지 될 일은 아니었는데!"

"그러게 말이야. 어떻게 해야 할지 모르겠어."

미리가 걱정스럽게 이야기했다.

"우리라도 혜은이한테 잘해 주자."

윤아와 친구들은 고개를 끄덕였다.

"근데 혜은이는 왜 안 와?"

"이렇게 늦게 올 애가 아닌데? 혹시?!"

윤아는 걱정스럽게 혜은이 자리를 바라보았다. 해나의 표정도 더 어두워졌다.

"곧 올 거야. 설마 그것 때문에 결석을 하겠어?"

잠시 후 담임 선생님이 들어오고, 아이들은 모두 자리에 앉았다. 담임 선생님은 아이들을 보며 입을 열었다.

"오늘 혜은이가 아파서 못 온다더구나. 이런 일이 없었는데 무슨 일인지……."

교실 안이 잠시 소란스러웠다. 담임 선생님이 말끝을 흘리며 혜은이 자리를 봤다. 담임 선생님도 촌티 공주 사건을 아는 것 같았다. 해나는 뜨끔해졌다.

"혜은이가 건강해져서 다시 학교에 나오면 우리 모두 잘 대해 주자. 다 같은 친구인데, 사이좋게 지내야지!"

담임 선생님은 당부의 말을 마치고 수업을 시작했다. 윤아는 무거운 마음으로 혜은이 자리를 돌아보았다.

일주일 뒤, 혜은이가 학교에 나왔다. 공주 패션은 여전했지만, 얼굴은 눈에 띄게 핼쑥했다.

"혜은아, 아픈 건 다 나았어?"

해나가 용기를 내서 혜은이에게 다가가 말을 걸었다. 혜은이는 해나의 말을 못 들었는지 아무 대답도 하지 않았다. 해나는 무안해져서 더 말을 걸려다 자신의 자리로 돌아왔다. 그 모습을 보고, 교실에 있는 다른 아이들도 혜은이에게 아무 말도 걸지 않았다. 윤아는 용기를 내어 혜은이에게 다가가려 일어섰다. 그 순간 윤아의 휴대폰에서 알림 음이 울렸다.

딩동.

- 모여. 화장실.

해나가 보낸 문자 메시지에 윤아, 희서, 미리는 화장실로 갔다. 화장실에는 마침 아무도 없고 해나만 있었다. 해나가 윤아와 친구들을 보자마자 말했다.

"야, 찜찜해 죽겠다!"

"왜?"

"아까 내가 인사했는데, 혜은이가 대놓고 무시했잖아."

"힘드니까 그랬겠지. 그래도 오늘 학교에 나온 걸 보니까 안심되더라."

"그게 아니라니까. 혹시 혜은이가 내가 맨 처음 자기 사진을 올렸다는 걸 아는 게 아닐까?"

윤아는 고개를 설레설레 저었다.

"그걸 어떻게 알아? 네가 평소에 혜은이를 싫어했으니까 그러는 거지."

"그런가? 휴. 모르겠다. 나 화장실!"

해나가 화장실로 들어가자 윤아와 희서, 미리는 어깨를 으쓱했다. 언제나 거침없는 해나도 이번 일에는 미안함과 후회가 많은 모양이다.

"악! 난 몰라!"

그때 화장실 안쪽에서 해나의 비명소리가 들렸다. 윤아와 친구들은 놀라서 화장실 문 쪽으로 가 보니, 해나가 울상을 하고 서 있었다. 해나의 스마트폰이 변기에 빠져 버린 것이다!

"아, 이거 어떡해!"

"우선 건져야지. 잠깐만."

희서가 침착하게 말하고 나가더니, 화장실 청소 도구를 가져왔다. 청소 도구를 써서 간신히 휴대폰을 건졌지만 다시 쓰기에는 좀 찜찜했다. 아이들이 난감한 얼굴로 스마트폰을 보고 있는데, 해나가 갑자기 스마트폰을 화장실 쓰레기통에 던져 버렸다. 그걸 본 희서가 깜짝 놀라 물었다.

"야! 그걸 왜 버려!"

"더럽잖아~. 난 저거 못 써."

"그렇게 버릴 걸 왜 힘들게 건졌어?"

"변기가 막히니까."

해나의 말이 맞지만 윤아는 왠지 화가 났다. 자기 물건을 너무 소중히 여기지 않는 해나의 행동에 윤아는 절로 인상이 찌푸려졌다. 윤아는 고개를 설레설레 저으며 화장실을 나가려 뒤돌아섰다. 바로 그때 화장실 문 뒤쪽에서 주황색 치맛자락이 보였다.

'어, 누가 있나?'

윤아는 혹시나 해서 화장실을 나가 복도를 살펴보았다. 복도에는 아무도 없었다.

"윤아야. 왜 그래?"

"어? 아무것도 아니야."

윤아는 고개를 갸웃거렸다. 교실로 돌아와 윤아가 자리에 앉자 짝 재웅이가 손가락으로 코를 쥐었다.

"으악, 냄새. 너 똥 누고 왔지?"

"뭐?"

윤아가 어이없게 재웅이를 보자 재웅이는 쿡쿡 웃으며 스마트폰을 보여 주었다.

"봐. 우리 학교 똥녀 4종 세트. 이거 너 아니야?"

"역시 똥녀는 못 말려. 에이, 냄새."

재웅이만이 아니었다. 반 아이들은 너도나도 코를 막으며 윤아와 해나, 희서, 미리를 놀려 댔다. 윤아가 불길한 예감에 스마트폰을 켜 보았다. 톡톡 방 최신 베스트 사진 항목에 '똥녀 4종 세트'란 제목이 올라와 있었다. 바로 좀 전에 화장실에서 있었던 일들이 사진으로 찍혀 모조리 올라와 있었다. 특히 변기에서 스마트폰을 꺼내는 장면이 크게 확대되어 찍혔다.

윤아는 깜짝 놀라 친구들에게 사정을 말하려 했지만 곧 수업이 시작되어 자리에 앉아야 했다. 윤아는 책을 펼쳤지만 눈에 글

씨가 들어오지 않았다. 왠지 불길한 예감이 들었다.

그 후 남자애들은 쉬는 시간마다 '똥녀 시리즈' 노래를 불렀다.
"역시 똥녀는 달라요, 역시 똥녀는 달라요~.
화장실 청소에는~~ 우리 똥녀들을 불러 주세요~!"
"아이씨! 그만 못해?!"
해나는 참다못해 자리에서 벌떡 일어나 맞대응했다. 그럴수록 아이들의 놀림은 더 심해졌다. 해나가 맞서면 맞설수록 아이들이 더 신이 나서 놀리는 강도가 더 세졌다. 교실에서도, 학교 밖에서도, 심지어 학원에서 놀림이 이어졌다. 윤아와 해나, 희서, 미리는 점점 주눅이 들어갔다. 톡톡 대화방을 열기도 싫었다. 대화방에만 들어가면 자신들을 놀리는 이야기가 줄지어 나올 것 같았다. 수업이 끝난 후 넷은 운동장 한쪽에 등나무가 드리워진 벤치에 모였다. 윤아는 걱정스럽게 말했다.
"왠지 우리가 한 일을 그대로 당하는 것 같아."
해나는 열이 오르는지 자리에서 벌떡 일어났다.
"그 자식들을 일일이 찾아가서 다 때려 줄 수도 없고. 으휴!"
"그래도 우리는 넷이 똘똘 뭉치면 되잖아. 혜은이는 혼자서 참 힘들었을 것 같아."

미리의 말에 희서도 고개를 끄덕였다.

"맞아. 직접 당해 보니까 더 장난이 아니다."

"우리가 무슨 죄인도 아닌데, 자꾸 숨게 되잖아?"

스마트폰 세상에서는 더 난리였다. 윤아, 해나, 희서, 미리 이렇게 네 명이서 대화방을 만들어도 자꾸 다른 방에서 윤아와 친구들을 초대했다. 막상 그 방에 가 보면 욕설을 퍼붓거나, 왕따를 시켰다. 결국 윤아와 친구들이 방을 그냥 나가면 싸가지가 없다고 하고, 맞대응을 하면 뻔뻔하다고 했다. 윤아, 해나, 희서, 미리를 교묘하게 한 명씩 초청해 그런 일을 되풀이하기도 했다. 윤아와 친구들은 이제 스마트폰을 보기가 무서울 지경이었다.

윤아는 학교도 가고 싶지 않았고, 스마트폰도 버리고 싶은 심정이었다. 반 친구들도 보기 싫었고, 학교도, 다른 사람들도 모두 자신을 공격하는 것만 같았다. 윤아와 친구들은 스마트폰이 진동하면 깜짝 놀라기 일쑤였다.

살얼음이 풀리고, 아픈 만큼 자란다!

 윤아, 해나, 희서, 미리는 학교 앞 분식점에 모였다. 스마트폰 대화방을 멀리하니 이렇게 직접 만나는 시간이 많아졌다. 스마트폰을 보는 시간이 줄어들자 윤아의 성적도 다시 올랐고, 해나도 이제 스마트폰으로 자랑하거나, 친구를 무시하는 일이 없어졌다. 희서와 미리도 수업에 훨씬 집중할 수 있었다.
 무엇보다 네 친구들이 이렇게 만나서 이야기하게 되어서, 그동안 이야기하지 못한 속마음도 털어놓을 수 있었다. 예전 같았으면 넷이서 만나도 스마트폰을 연신 들여다보느라 서로 눈을 마주칠 일도 없었는데, 이제는 서로 얼굴을 보며 이야기했다. 한

결 더 친근해진 느낌에 네 친구들은 더욱 똘똘 뭉쳤다. 그렇다 보니 놀림도 이겨 낼 수 있었다. 게다가 벌써 스마트폰 세상에서는 새로운 이슈가 생기면서 '똥녀 4종 세트'는 슬슬 잊히고 있었다. 해나가 떡볶이를 찍어 먹으며 말했다.

"새 사건을 빵빵 터뜨리면 '똥녀'도 금세 잊히지 않을까?

"됐네요, 됐어. 너 아직도 정신 못 차렸냐?"

희서가 못 박듯 말했다.

"그래. 새 사건이라니, 이제 스마트폰으로 일이 커지는 건 절대 보고 싶지 않아. 우리는 넷이라 그나마 버텼지만, 혼자 당하는 애들은 어떻겠냐?"

"그래, 맞아. 혜은이도 참 힘들었을 거야……. 그치?"

미리가 말했다. 모두 묵묵히 고개를 끄덕였다.

"맞아. 내가 당해 보니까 이건 정말 무서운 일이야. 혜은이도 참 견디기 어려웠을 것 같아."

해나의 말에 희서가 웃으며 말했다.

"으이구, 해나야. 네가 이제야 좀 착해지나 보네?"

"나 원래 착하거든!"

해나의 말에 아이들은 까르르 웃었다. 이번 일로 해나만이 아니라 윤아, 희서, 미리 모두 뭔가 깨닫는 바가 있었다.

"스마트폰 말이야. 잘못 쓰면 완전히 괴물로 변하는 것 같아."

"맞아. 저번에 쁘띠를 찾았을 때는 정말 스마트폰이 소중했는데. 이제 보니깐 나쁜 점도 많아. 성적도 떨어졌지. 하루 종일 스마트폰을 들여다보다가 눈이 아프고 머리가 띵하고. 게다가 이런 따돌림까지 당하게 될 줄은 몰랐어."

"난 스마트폰이 없을 때 허공에 문자를 찍고 있더라니까."

해나의 고백에 너도나도 공감했다. 모두 한 번쯤 경험해 본 일이었다. 윤아가 고개를 끄덕이며 말했다.

"스마트폰을 덜 쓰니까 이렇게 너희랑 만나는 시간도 늘고, 책도 많이 읽는 것 같아. 시간이 늘어나는 기분이야."

윤아의 말에 해나가 냉큼 답했다.

"맞아. 처음 스마트폰이 생겼을 때 너 정말 푹 빠져 살더라."

"야, 스마트폰 여왕한테 들을 소리는 아니지."

윤아 말에 해나가 머리를 긁적였다. 윤아가 싱긋 웃다가 어렵사리 말을 꺼냈다.

"……저 말이야. 내가 이 얘기를 할까 말까 망설였거든."

"뭔데?"

"누가 우리한테 그랬는지는 모르겠어. 하지만 혜은이를 그렇게 만든 건 우리잖아?"

"정확히 말하면 해나가 한 거지."

희서가 말했다. 해나의 표정이 조금 어두워졌다.

"맞아, 내 잘못이야."

해나가 순순히 반성하자 아이들은 의외라는 표정을 지었다. 이번 일로 해나도 정말 느낀 점이 많은 것 같았다. 윤아가 말을 이었다.

"우리가 혜은이에게 사과해야 하지 않을까."

윤아 말에 아이들은 조용해졌다. 저마다 생각에 잠긴 것 같았다. 침묵을 깬 사람은 해나였다.

"윤아 말이 맞아. 내가 사진을 올렸으니깐, 내가 혜은이에게 사과할게."

"그럼 우리가 혜은이와 해나를 만나게 해 주자. 서로 앙숙처럼 지냈으니까 만나기도 쉽지 않을 거야."

"그래. 그러자."

혜은이에게 사과하겠다고 결심하고 나니 윤아와 해나, 희서와 미리는 왠지 마음이 더 가벼워지는 것 같았다. 아이들은 싱긋 웃으며 떡볶이를 먹었다.

방과 후 학교 운동장, 벤치 위에 드리워진 등나무 가지가 바람에 흔들거렸다. 해나는 지금 혜은이를 기다리는 중이었다. 미리가 혜은이를 불러내어 방과 후 여기서 만나기로 한 것이다. 해나는 긴장되는 마음을 감출 수 없었다. 혜은이를 어떤 얼굴로 바라봐야 할지 고민이 되었다. 운동장 저편에서 혜은이가 걸어오고 있었다. 해나는 굳은 표정으로 걸어오는 혜은이를 보니 말문이 열리지 않았다.

"……."

"……."

엉거주춤 서 있는 해나에게 혜은이가 먼저 냉랭한 말투로 말했다.

"할 말이 있다면서?"

"…어, 그래……. 너한테 사과하고 싶어서."

"무슨 일로?"

"……."

해나는 입이 떨어지지 않았다. 혜은이의 표정은 얼음처럼 차가웠다. 과연 자신이 사과해도 받아줄지 의문이었다. 해나는 용기를 내어 어렵사리 입을 열었다.

"그 촌티 공주 사건 말이야. 그 사진은 내가 올린 거야. 미, 미안해. 실수로 공개방에 사진이 올라간 건데… 일이 걷잡을 수 없이 커져서 바로잡기가 어려웠어."

"……."

"정말 의도한 게 아니야. 나 때문에 네가 그렇게 힘들게 될 줄은……."

"네가 사진을 올린 거 알고 있었어."

생각지도 못한 혜은이의 대답에 해나는 놀라서 멍하니 혜은이를 쳐다보았다.

"난 바보가 아니야. 네 말대로 촌티 공주라고 해서 기계치도 아니고."

혜은이의 말에 해나가 찔끔해서 입을 다물었다.

"그리고 미안해할 필요 없어. 너도 그만큼 당하게 됐으니까. 물론 당해도 싸지만!"

"무슨 소리야? 그게?"

"그 똥녀 사진은 누가 올렸다고 생각했어?"

해나는 그제야 예전에 윤아가 화장실에서 누군가 본 듯한 행동을 했던 게 떠올랐다. 그게 혜은이었을 거라고 생각하지 않았는데, 오늘 보니 혜은이가 맞았다.

"그럼 네가 그 사진을 올렸단 말이야?"

"그럼 안 되니? 넌 그랬잖아. 그동안 나 놀리면서 재미있었지? 근데 놀림 당해 보니까 기분이 어때? 막상 네가 당해 보니까 전혀 재미없지?"

"혜은아."

"이제 사과할 필요가 없어졌지? 네가 그랬던 것처럼 나도 그랬으니까."

"……."

사실 해나는 혜은이가 사진을 올렸다는 걸 알고 화가 났다. 바로 그때 윤아의 말이 생각났다.

'네가 사과한다고 해서 혜은이가 꼭 용서해 줄 거란 기대는 하지 마. 그냥 네 잘못을 사과하면 마음의 짐은 좀 덜잖아. 그걸로 만족하자.'

해나는 윤아의 충고를 떠올리며 이내 침착하게 말했다.

"아니야. 미안한 건 미안한 거니까."

오늘 이렇게 만나서 혜은이의 이야기를 들어 보니 그간 혜은이의 상처가 얼마나 컸는지 알 수 있었다. 아마 지금 이야기하지 않았으면 절대 알지 못했을 것이다.

"정말 미안해. 사실 너한테 잘못한 거 나도 다 알아. 그러면서도 멈출 수가 없었어. 내가 정말 못됐어. 미안해."

혜은이는 사과하는 해나에 모습에 당황하며, 자리에서 벌떡 일어났다. 그러고는 교실로 들어갔다. 해나는 멍하니 바닥을 내려다보며 앉아 있었다. 어쩐지 울적해지는 오후였다.

# 눈을 보고 말해요!

다음 날 분식집에 모인 윤아와 희서, 미리는 해나의 이야기에 말문이 막혔다.

"그럼 우리 사진을 올린 사람이 혜은이였다고? 말도 안 돼."

희서가 절레절레 고개를 흔들며 말했다. 해나는 아직도 어제의 충격이 가시지 않은 얼굴이었다.

"응. 사과하긴 했지만 왠지 억울한 생각도 들었어. 걔도 우리한테 똑같은 잘못을 했잖아?"

해나 말에 애들이 고개를 끄덕였다. 이윽고 희서가 대꾸했다.

"그렇지만 우리 잘못이 더 커. 우리가 시작하지 않았으면 혜은이도 그러지 않았을 테니까. 혜은이도 우리처럼 괴로웠을 거야."

"그렇겠지? 휴, 그래도 난 너희들이 있어서 얼마나 다행이야? 이렇게 마음이 아플 때 같이 이야기하고 위로해 주는 친구들이 있으니까."

"당연하지."

"어제 혜은이랑 얘기하는데, 걔가 참 외로워하는 것 같았어."

해나의 말을 듣고 윤아와 친구들은 조금 놀랐다.

"해나야, 너 진짜 착해진 것 같다? 어?"

"으잉? 난 원래 착하다니까!"

해나의 익살에 윤아와 희서, 미리는 쿡쿡 웃음을 터트렸다.

일주일이 흐르고 윤아와 해나, 희서, 미리는 집에 가기 위해 학교 옆 골목을 지나가고 있었다. 그때 골목 안쪽에서 날카로운 목소리가 들렸다.

"저, 돈 없어요!"

혜은이의 목소리였다. 윤아와 친구들은 재빨리 소리 나는 쪽으로 달려갔다. 골목에는 6학년에서 무섭다고 소문난 정화 언니가 서 있었다. 골목 한구석에 몰린 혜은이는 당차게 외쳤다.

"돈 없다니까요? 진짜 왜 이러세요!"

그러자 정화 언니가 혜은이의 이마를 기분 나쁘게 손가락으로 툭툭 치며 말했다.

"네가 그 촌티 공주지? 하여간 온몸에서 촌티가 좔좔 흐른다. 어휴, 촌스러워."

그 말을 들은 혜은이가 주먹을 꼭 쥐고 몸을 부들부들 떨었다.

"너 왕따지? 그러니까 촌티 공주라고 애들이 놀리지."

정화 언니가 그렇게 말하는 순간, 해나가 앞으로 달려 나갔다.

"내 친구예요! 왕따 아니거든요?"

"해나야!"

아이들은 조마조마한 마음으로 해나 곁으로 뛰어갔다.

"뭐, 뭐야?"

정화 언니는 큰소리쳤지만 윤아, 희서, 미리까지 우르르 몰려오니 눈치를 보는 듯했다. 이번에는 윤아가 앞에 나서서 외쳤다.

"혜은이는 우리 친구예요! 괴롭히지 마세요!"

"허, 이것들이 겁도 없이? 너희, 내가 누군지 몰라?"

정화 언니의 말에 희서가 얼른 기지를 발휘해 휴대폰을 귀에 갖다 댔다.

"여보세요? 여기 학교 옆 골목인데요. 학교 선배가 제 친구 돈을 빼앗아요!"

 마치 희서가 신고하는 것 같은 모습에 정화 언니는 크게 당황한 눈치였다. 정화 언니는 주춤하더니 몸을 휙 돌려 골목 저쪽으로 뛰어갔다. 언니가 골목을 벗어나자 그제야 해나가 놀란 가슴에 손을 얹고 입을 열었다.

 "와아, 너무 무서웠어."

 "나도!"

 그제야 희서는 귀에서 휴대폰을 떼고 씨익 웃었다. 전화로 신고하는 줄 알았는데, 너무 급한 나머지 사실 신고하는 척을 했던 것이다. 윤아가 안도의 한숨을 내쉬고는 혜은이에게 다가갔다.

 "혜은아, 괜찮아?"

 "……어? 어!"

 혜은이가 긴장이 풀렸는지 털썩 주저앉았다.

 "이제 괜찮아. 다음에도 이런 일이 생기면 그때는 우리도 가만있지 않을 거야."

 해나의 말에 혜은이가 간신히 일어났다.

 "고, 고마워. 너희 모두……."

 혜은이의 치마에 흙이 묻어 있자 윤아가 얼른 털어 주었다.

 "같이 가자. 집에 가는 길이지?"

해나가 혜은이에게 물었다.

"……."

혜은이는 아무 스스럼없이 자신을 대하는 해나를 어떻게 대해야 할지 난처했다. 희서가 씩 웃으면서 혜은이와 해나 사이에 끼어들어 팔짱을 끼었다.

"우리 떡볶이도 먹으러 갈 건데. 너도 함께 가자."

"……그럴까?"

혜은이가 말하자 윤아, 해나, 희서, 미리는 모두 입을 모아 대답했다.

"그럼, 그럼!"

떡볶이와 튀김이 나오자 아이들은 군침이 돌았다. 방금 전에 큰 위기를 넘겨서인지 배가 고팠다. 허겁지겁 떡볶이를 먹던 희서가 혜은이에게 말했다.

"근데 혜은아. 너 보기보다 겁이 없더라? 어떻게 혼자 그 언니랑 맞서고 있었어."

"그러게. 대단해!"

아이들의 칭찬에 혜은이가 얼굴을 붉히자 해나가 불쑥 혜은이에게 말했다.

"네가 그렇게 터프한 줄 몰랐어. 그동안 나는 사실 네가 좀 부러웠나 봐. 난 남자아이처럼 거칠고 그런데, 넌 늘 공주 같잖아?"

"잉? 진짜?"

혜은이 대신 윤아가 더 놀라 해나를 바라보았다.

"그럼. 나도 때로는 분홍 치마가 입고 싶다고~."

익살스럽게 말하는 해나의 모습에 혜은이가 웃음을 터뜨렸다. 아이들도 모두 까르르 웃었다. 혜은이는 해나에게 따뜻하게 이야기했다.

"나랑 너랑 정반대야. 공주 드레스는 사실 내 취향이 아니라 아빠 취향이거든."

"……?"

"우리 아빠는 내가 어릴 때 엄마랑 헤어지셨어. 아빠는 요즘 여자아이들이 뭐 입는지도 잘 몰라. 그냥 예쁜 치마랑 드레스만 제일 좋은 줄 알고 사 오셔. 아빠가 좋아하시는데, 나도 그냥 불평하기 싫었어. 나도 때로는 청바지가 입고 싶다고~."

혜은이가 해나의 말투를 따라 말하자 아이들도 빙그레 미소 지었다.

"너 알고 보니까 공주병도 아니네? 앞으로 친하게 지내자."

해나가 웃으며 말했다. 혜은이도 고개를 끄덕였다.

"진작부터 이렇게 이야기할걸. 왜 이제야 이런 이야기를 하게 된 걸까?"

해나의 물음에 윤아가 냉큼 대답했다.

"왜긴. 너의 극진한 스마트폰 사랑 덕분이지! 맨날 톡톡 방에서만 보려고 하고, 진짜 이야기는 들어 볼 생각도 하지 않았잖아. 안 그래?"

"알아. 너무 구박하지 마. 이제부터라도 달라지면 되지, 뭐."

해나가 주눅 든 얼굴로 이야기하자 혜은이와 윤아, 희서, 미리는 웃음을 터트렸다. 해나는 혜은이를 톡톡 방에 초대했다. 혜은이는 스마트폰의 알림을 확인하고는 해나를 보았다. 씽긋 웃는 해나를 보고 혜은이도 미소 지었다.

집에 가는 길에 아이들은 왠지 모르게 기분이 좋았다. 이렇게 속마음을 털어놓고 이야기해 본 적이 없었던 것 같다. 톡톡 방으로만 이야기하면 매번 스마트폰을 들여다봐야 하고, 때로는 상대방의 대꾸가 없으면 오해한 적도 많았다. 그보다는 이렇게 만나서 노는 것이 이야기도 잘 통하고 더 좋은 것 같았다. 게다가 한 번도 제대로 대화해 본 적이 없던 해나와 혜은이는 실제로 이야기해 보니 매우 잘 맞았다. 다섯 아이들은 도란도란 이야기하며 가벼운 발걸음으로 집에 갔다.

여느 때와 같은 아침, 교실에는 혜은이의 자리에 해나와 윤아, 희서, 미리가 다가왔다. 그 모습을 본 해나의 짝꿍 민기가 넌지시 물었다.

"야, 너네 그렇게 으르렁대더니 어쩌다 베스트 프렌드가 됐냐?"

"으르렁대긴?"

해나가 정색하고 답했지만 민기의 '베스트 프렌드'란 말이 왠지 듣기 좋았다. 윤아와 해나, 희서, 미리, 혜은. 이 다섯 아이들

에게는 작은 변화들이 생겼다. 그건 바로, 친구들과 함께 있을 때는 스마트폰을 쓰지 않는 것이다. 해나는 워낙에 스마트폰을 자주 써서 이야기하면서도 종종 톡톡 방을 봤다. 하지만 그럴 때마다 혜은이가 바로잡아 주어 해나의 스마트폰을 보는 시간은 꾸준히 줄어들었다.

"오늘은 과일빙수를 먹으러 갈래?"
"아, 전에 네가 말한 그 맛집?"
"응! 거기 과일 빙수가 진짜 맛있대."

또 다른 변화는 바로 다양한 모임이 많아졌다는 것이다. 윤아와 친구들은 함께 이야기하고 노는 시간이 즐거웠다. 다섯이 함께 있으면 하고 싶은 것들도 많았다. 함께 영화를 보거나, 맛있는 것을 먹으러 가기도 했다. 특히 혜은이가 맛있는 음식을 잘 알고 있어서 '맛집 돌아다니기'가 다섯 아이들의 중요한 활동이 되었다.

어느새 윤아는 스마트폰 사용을 줄이고 예전처럼 성적이 좋아졌다. 친구들과 다양한 활동을 하다 보니, 전보다 호기심도 많아졌다. 희서와 미리는 방송 댄스를 배우기 시작했다. 희서는 스마트폰을 하면서 목과 어깨가 뻣뻣했는데 방송 댄스를 배우면서 유연해졌다고 한다. 그러면서 아이들 앞에서 스트레칭까지 선보였다. 해나는 스마트폰 강아지를 키우는 대신, 혜은이와 동물 보호 봉사 활동을 다녔다. 아이들에게 따뜻한 봄날과 같은 변화들이 찾아오고 있었다.

똑똑한 스마트폰으로 변신해라!

　종례 시간이 되자, 담임선생님이 통신문을 나눠 주었다. 통신문 제목에는 《스마트폰에 떠도는 우리 학교 괴담, 사실이 아닙니다!》라고 적혀 있었다.
　"선생님이 초등학교에 다닐 때도 학교 괴담은 있었어. 하지만 요즘에는 스마트폰으로 사진이나 동영상까지 돌아다니니까 더 진짜 같아 보이더라. 너희들도 이걸 믿어야 할지, 말아야 할지 고민이지?"
　담임선생님의 말씀에 반 아이들이 입을 모아 "네~!" 하고 대답했다.

"선생님도 봤단다. 수위 아저씨 얘기. 근데 우리 학교 수위 아저씨는 할아버지시란다. 너희도 알지?"

선생님의 말에 애들이 킥킥거렸다. 선생님은 부드럽게 미소 지으며 말을 이었다.

"너희 대부분이 스마트폰을 사용하고 있지?"

"네!"

"그걸 써 보니 어떠니?"

생각지도 못한 선생님의 질문에 아이들은 웅성거렸다. 이내 몇몇 아이들이 대답하기 시작했다.

"좋아요!"

"편해요. 정보도 쉽게 찾고요."

"근데 엄마는 싫어해요. 그것 때문에 공부를 안 한다고요. 그래서 엄마랑 많이 싸워요."

아이들의 각기 다른 대답에 선생님은 빙그레 미소를 지었다.

"그렇구나. 선생님은 스마트폰을 쓰면서 예전보다 훨씬 더 휴대폰을 많이 사용하게 되었어. 자주 만지작거리고, 뭐 더 재미있는 소식이 없나 찾게 되고.

버스나 지하철을 탈 때는 스마트폰에서 유용한 도움도 많이 얻는단다. 이처럼 스마트폰은 우리에게 많은 정보를 알려 주지.

하지만 그만큼 스마트폰 때문에 곤란한 일도 늘어났어. 스팸 서비스도 많아졌고, 전혀 모르는 사람이 아는 척할 때도 많아졌어. 뜬소문과 악담이 떠돌아서 상처를 받을 때도 있었단다."

선생님의 진지한 말씀에 반 아이들이 고개를 끄덕였다. 특히나 윤아와 친구들에게는 굉장히 공감이 되는 말이었다. 스마트폰으로 인한 악성 소문으로 고생을 톡톡히 했기 때문이다.

"스마트폰은 정말 장점도 많지만 단점도 많은 것 같아. 하지만 그런 건 스마트폰을 쓰는 당사자인 우리의 문제가 아닐까 생각해. 우리가 어떻게 쓰느냐에 따라 스마트폰은 좋은 물건도, 나쁜 물건도 될 수 있거든."

교실 안에는 선생님의 낭랑한 목소리가 울려 퍼졌다. 선생님 몰래 스마트폰을 들여다보고 있던 친구들도 뜨끔했는지 슬쩍 스마트폰을 덮었다. 선생님은 계속 말씀하셨다.

"그래서 우리는 앞으로 스마트폰을 더욱 똑똑하게 써야 한단다. 그런 차원에서 이번에 〈스마트폰 바로 쓰기 운동〉을 하기로 했어. 모든 학급이 참여하는 행사니까 다 같이 즐겁게 해 보자."

그제야 아이들은 앓는 소리를 내기 시작했다. 민기는 손으로 엑스 표시를 만들며 "꼭 해야 돼요?"라고 물었다. 아이들의 툴툴대는 반응에 선생님은 넉살 좋게 웃으며 말씀하셨다.

"너희들이 그렇게 열렬히 환영해 주니 정말 기쁘구나. 그만큼 열정적으로 아이디어를 내서 좋은 작품을 많이 내 주길 바란다. 이상!"

등나무 벤치에 윤아와 해나, 희서, 미리, 혜은이 모여 앉았다. 반 친구들은 이번 행사를 달가워하지 않았지만, 윤아와 친구들만큼은 달랐다. 스마트폰의 혹독함을 매우 잘 알기 때문에 남다른 아이디어를 내고 싶었다.

"스마트폰으로 공부하는 거 어때? 똑똑하게 쓰라니깐."

"에이~ 똑똑하면 뭐든 공부여야 하나?"

"나도 더 재미있는 걸로 했으면 좋겠어."

"어떤 걸 하는 게 좋을까?"

윤아가 가방에서 공책을 꺼내 펼쳤다. 그러고서는 아이들에게 말했다.

"한 명씩 아이디어를 말해 보자. 내가 공책에 정리할게."

"으음… 연극 공연?"

해나의 말에 애들이 고개를 설레설레 저었다.

"윽, 좀 무리인 것 같아."

"그래. 이거 학예회가 아니다. 해나야."

"치. 그래도 난 아이디어를 냈다. 자, 다음은 누구야?"

해나 말에 아이들은 골똘히 생각에 잠겼다. 산들산들한 봄바람이 불어왔다. 등나무의 꽃잎이 흔들리는 풍경을 보고 있자니 윤아와 친구들은 금세 기분이 좋아졌다. 이번에는 미리가 입을 열었다.

"애들아, 이건 어때? 얼마 전에 스마트폰 영화를 본 적이 있어. 근데 진짜 재미있더라. 스마트폰으로도 그런 멋진 영화를 찍을 수 있다는 게 정말 놀라웠어. 우리도 스마트폰으로 영화를 찍으면 어떨까?"

"어, 다큐멘터리 영화를 말하는 거야?"

"응. 맞아."

"오, 그거 좋겠다! 영화라니, 생각만 해도 멋지다."

미리의 아이디어에 윤아와 해나, 희서, 혜은이는 절로 신이 났다. 벌써부터 근사한 영화감독이 된 기분이었다. 이제 영화를 어떻게 찍을지가 문제였다. 즐거운 분위기에서 다양한 아이디어가 마구 쏟아졌다.

아이디어가 풍부한 해나와 혜은이가 주로 기획과 에피소드 구상을 맡았다. 윤아가 대본을 쓰기로 하고, 희서와 미리가 섭외와 인터뷰 담당이 되었다. 평소 조용한 성격인 미리도 이번만큼은 적극적으로 섭외를 해 보기로 했다. 스마트폰으로 촬영하는 일은 모두 함께하기로 했다.

드디어 영화 촬영이 시작되었다. 영화를 찍는 동안 생각지도 못한 돌발 상황이 일어났다. 하지만 영화를 찍고 있다는 즐거움에 다들 지칠 줄을 몰랐다. 등나무 벤치는 윤아와 친구들이 자주 모이는 장소가 되었다. 다섯 아이들은 스마트폰으로 필요한 정보와 촬영 영상을 보며 영화를 만드는 재미에 푹 빠졌다. 집에 돌아간 다음에는 이따금 톡톡 대화방에 모여서 의견을 주고받았다. 어느새 시간이 훌쩍 지나가고 있었다.

햇살이 한결 따뜻해질 즈음, 모둠의 발표 날이 되었다. 아이들은 기대에 찬 얼굴로 자리에 앉아 있었다. 선생님은 아이들을 따사로운 눈빛으로 바라보면서 말씀하셨다.

"오늘은 너희들이 한 달 동안 열심히 준비한 〈스마트폰 바로 쓰기 운동〉의 발표 날이란다. 그동안 학교 공부하랴, 학원 다니랴, 숙제하랴 바빴을 텐데도 이 프로젝트를 열심히 준비해 주어서 고맙다. 아, 물론! 그 와중에 게임도 했겠지만?"

선생님의 장난기 가득한 말씀에 아이들은 웃음을 터뜨렸다.

선생님은 아이들의 얼굴을 바라보며 이야기를 이었다.

"그동안 힘들었겠지만, 너희가 최선을 다한 만큼 그 시간들이 보람 있었으면 좋겠구나. 오늘 발표를 잘해서 모두 유종의 미를 거두자."

이윽고 아이들은 모둠별로 발표를 시작했다. 모둠마다 멋진 아이디어들이 돋보였다. 어떤 모둠은 스마트폰으로 공연과 축제, 전시회 정보를 소개했다. 휴일이나 주말에 전시장과 공연을 보러 다니게끔 도와주는 방법을 알려 주었다. 스마트폰을 이용해 봉사 활동을 손쉽게 신청하고, 참여하는 방법을 소개하는 모둠도 있었다. 스마트폰으로 용돈을 관리하고, 스케줄을 계획해 나가는 방법을 알려 주는 모둠도 있었다.

전부터 알고 있는 스마트폰의 기능도 있었지만, 발표를 통해서 새롭게 알게 된 기능도 많았다. 모두 스마트폰을 이용해 즐겁고 보람된 활동을 할 수 있게 도와주었다. 드디어 마지막 윤아네 발표 차례가 되었다.

혜은이가 발표 주자로 나서자 아이들이 술렁거렸다. 혜은이가 아이들 앞에 나선 건 이번이 처음이었기 때문이었다. 혜은이는 긴장되었는지 목소리가 조금 떨렸다. 하지만 이내 또박또박 말하며 발표를 시작했다.

"저희 8번 모둠은 정해나, 김윤아, 한미리, 정희서, 그리고 저 김혜은입니다. 저희 모둠은 교장 선생님, 담임 선생님, 보건 선생님과 친구들의 도움을 받아서 다큐멘터리 영화를 찍었습니다."

혜은이의 말에 반 친구들의 눈이 휘둥그레졌다. 스마트폰으로 영화를 찍다니! 생각지도 못한 아이디어이기 때문이다. 혜은이는 친구들의 반응에 자신감을 얻었는지 더욱 당차게 말을 이어갔다.

"모두 스마트폰을 쓰고 있는 사람들을 찾아가 인터뷰했습니다. 저희는 이 영화를 만들면서 스마트폰의 장점과 단점이 무엇인지 생각해 보게 되었습니다. 또한 많은 사람들이 직접 이야기해 준 스마트폰 체험담을 통해 스마트폰을 똑똑하게 쓰는 지혜를 얻을 수 있었습니다. 이 영화에 참여해 준 많은 분들께 감사드립니다. 그럼 영화를 시작하겠습니다."

혜은이가 해나에게 큐 사인을 보냈다. 미리가 교실의 불을 껐고, 윤아가 커튼을 쳤다. 곧이어 영화가 시작되었다.

"으악!"
"헉!"

첫 화면이 나오자 아이들이 놀라움을 금할 수 없었다. 영화의 첫 장면은 잊을 수 없는 혜은이의 '촌티 공주' 사건 영상이었다. 뒤이어 '똥녀 4종 세트' 영상이 나왔다. 영상 속에 혜은이와 해나의 목소리가 흘러 나왔다.

"아이들이 우리를 놀리기 시작했을 때 우리는 정말 죽을 것 같았습니다."
"그동안 나의 친구이자 분신이었던 스마트폰이 나를 공격하는 도구가 되었습니다."

　　영상 속 목소리에 아이들은 찔끔했다. 혜은이와 해나의 고백에 아이들은 미안한 마음이 들었는지 교실에 침묵이 흘렀다. 이윽고 혜은이의 밝은 목소리가 나왔다.

"하지만 그 일을 계기로, 저에게는 매우 친한 친구가 넷이나 생겼습니다."
"우리는 스마트폰 속에서 다투던 일을 털어놓고, 직접 만나서 속마음을 이야기했습니다. 그래서 오해하지 않고 화해할 수 있었습니다. 그리고 이제 우리는 가장 친한 친구가 되었습니다."

영상에서는 즐겁고 명랑한 음악이 흘러나왔다. 공원에서 윤아의 강아지 '쁘띠'를 찾아 준 민수네 엄마가 등장했다. 민수는 엄마가 화면에 나오자 화들짝 놀랐다. 아이들은 민수의 행동에 웃음을 터트렸다. 민수네 엄마는 스마트폰으로 맺은 윤아의 고맙고도 특별한 인연이었다. 이어서 교장 선생님과 교감 선생님께서 스마트폰에 대한 생각을 말씀하셨다. 뒤이어 윤아의 엄마도 화면에 나왔다.

"윤아야, 너 스마트폰이 생기고 나서 성적이 확 떨어진 거 생각나지? 그때를 생각하면 지금도 네 스마트폰을 당장 뺏고 싶구나!"

윤아 엄마의 생생한 말에 아이들이 폭소를 터뜨렸다.
"야, 우리 엄마인 줄 알았다!"
"윤아 엄마 짱!"
엄마와 스마트폰을 두고 투쟁한 일은 아이들 모두 한 번쯤 경험한 일이었다. 그만큼 공감대가 커서 아이들은 윤아 엄마의 이야기에 흥미를 보였다.
그다음은 우리 반의 수업 시간 풍경이었다. 수업 시간에도 스마트폰을 끄지 않고 몰래 숨겨 두는 반 친구들의 모습이 나왔다. 수업을 듣다가도 수시로 문자를 확인하는 모습. 톡톡 메시지에 답변하는 모습. 모두 당사자들에게 허락을 받은 영상이었지만, 화면에 자신의 모습이 나오자 아이들은 움찔했다.

다음은 우리 반의 점심시간 풍경이 나왔다. 밥을 다 먹은 아이들이 각자 자리에 앉아 게임을 하거나 동영상을 보는 등 스마트폰에만 집중하는 모습이 나왔다. 영상 위로 혜은이의 목소리가 흘러나왔다.

"스마트폰은 우리를 그 자리에 가두었습니다. 스마트폰이 없을 때 우리는 나가서 축구를 하거나, 수다를 떨거나, 친구들과 함께 시간을 보냈습니다."

반 아이들은 홀로 떠 있는 섬처럼 보였다. 아무 말 없이 스마트폰에 몰두하는 자신들의 모습에 아이들은 조용해졌다. 스스로 저렇게 있었나 싶을 정도로 아이들은 따로따로였다.

"우리는 스마트폰에서 수천 명의 친구를 사귀지만 과연 진정한 친구들일까요? 불과 1분 전까지만 해도 내 친구였던 그들이, 1분

뒤에는 나를 욕하는 악마로 변하기도 합니다. 이제 스마트폰에서 눈을 돌려 친구랑 시간을 가져 보는 건 어떨까요? 마음으로 맺은 친구는 내가 어려울 때 힘을 주니까요."

화면에는 윤아가 등장했다. 윤아는 자신의 경험담을 털어놓았다.

"저는 가장 좋지 않은 스마트폰 사용자였어요. 스마트폰을 사고 나서 시험 점수가 뚝 떨어졌으니, 스마트폰의 피해자이기도 하고요. 밤새 스마트폰을 보다가 학교에 오면 온종일 멍하게 있기도 했어요. 이제는 수업시간에 스마트폰을 꺼요. 집에서도 숙제할 때는 꺼 두고요."

이어서 해나가 화면에 나타났다. 특유의 발랄한 목소리로 해나는 자신의 이야기를 꺼내 놓았다.

"제 별명은 스마트폰 여왕입니다. 최신 스마트폰을 가져야만 내가 멋진 것처럼 느꼈어요. 친구들과 수다를 떠는 것도 늘 스마트폰으로만 했지요. 하지만 이제는 최신 스마트폰을 갖기보다는 지금의 내 물건을 소중히 써야 한다는 걸 알아요. 친구들과 함께 노는 재미가 더 크다는 것도 알고요."

영화는 막바지에 다다랐다. 혜은이가 나와 마지막 말을 덧붙였다.

"스마트폰은 이름대로 똑똑하게 쓰면 정말 좋은 도구입니다. 하지만 우리는 너무 쉽게 스마트폰에 빠져 친구, 공부, 자기 자신을 돌보지 않습니다. 도구에 얽매여 더 중요한 것을 놓치는 것이지요. 이제부터라도 친구들의 눈을 보고, 소중한 시간을 보내는 건 어떨까요?"

영화가 끝나고 다시 교실의 불이 켜졌다. 윤아네 모둠이 나와서 인사하자 아이들의 박수가 쏟아졌다. 담임 선생님도 뿌듯한 얼굴로 박수를 치며 말했다.

"자, 모두 발표를 준비하느라 고생이 많았다. 그만큼 너희의 노력과 힘이 느껴지는 것 같아서 선생님 마음도 참 흐뭇했단다. 정말 잘했다. 자, 우리 모두에게 박수를 보내자."

교실에는 우레와 같은 박수 소리가 터져 나왔다. 이윽고 모둠

별로 나와서 인사하는 시간을 가졌다. 마지막 윤아네 모둠이 인사하자 아이들은 더 크게 박수를 치며 축하해 주었다. 윤아, 해나, 희서, 미리, 혜은은 서로를 바라보고 싱긋 웃었다. 서로의 진심이 통한 것 같아 하늘을 날아갈 듯 기분이 좋았다. 아이들의 박수에 담임 선생님은 부드럽게 웃으며 입을 열었다.

"자, 이제 스마트폰의 장단점을 잘 알게 되었겠지? 무엇보다

너희들이 이 발표를 준비하면서 친구들과 함께하는 소중한 시간을 보낸 것 같아 매우 좋구나. 그 시간을 보낸 것만으로도 이 발표는 모두 성공했다고 생각한단다."

이날 수업 시간에는 아이들 모두 스마트폰을 꺼 두었다. 그뿐만이 아니다. 쉬는 시간이 되자 아이들은 다 같이 모여서 이야기를 나누었다. 친구와 함께 매점을 가거나, 운동장에 나가서 뛰어놀았다. 물론 스마트폰을 꺼 둔 채 말이다. 반 친구들은 스마트폰에서 벗어나 친구와 함께하는 지금을 아주 특별한 시간으로 느꼈다.

모든 수업이 끝난 후 윤아와 친구들은 언제나처럼 등나무 벤치에 모였다. 오늘은 혜은이가 이야기한 '맛집 순례'를 하는 날이다. 스마트폰으로 맛집의 정보를 검색한 뒤, 혜은이는 주머니 속 깊숙이 스마트폰을 넣었다. 그 모습을 본 윤아와 해나, 희서, 미리는 씩 웃었다. 이제 스마트폰 대신 친구들의 얼굴을 보며 이야기하는 것이 더 즐겁다. 윤아와 친구들은 팔짱을 끼고 가볍게 한 걸음을 내딛었다.

혹시 나도 스마트폰 중독은 아닐까?

예전에는 인터넷 중독에 대해 걱정하는 목소리가 높았어요. 그런데 지금은 인터넷 중독보다 스마트폰의 중독성에 대해 걱정하는 전문가들이 아주 많지요. 손에 들고 다니는 나만의 분신 스마트폰으로는 문자, 전화, 인터넷 검색, 채팅, 음악 감상까지 못 하는 게 없기 때문입니다.

많은 스마트폰 이용자들의 스마트폰 이용 사례를 통해 아래 일과를 다시 만들어 보았어요. 혹시 아래의 일과가 내 생활과 똑같다고 느낀다면 우리 친구 역시 이미 스마트폰 중독에 빠져 있는 건지도 모른답니다.

윤아의 하루를 살펴볼까요?

아침 7시

스마트폰의 알람이 울린다. 윤아는 손을 더듬어 알람을 끄고 스마트폰을 잡았다. 자는 동안 중요한 이메일이나 톡톡 메시지가 왔는지 확인하기 위해서다. 소셜 쇼핑 사이트에서 청바지를 50% 할인해서 파는 광고가 나왔다. 평소 윤아가 좋아하는 브랜드다. 윤아는 청바지를 사고 싶은 마음에 가슴이 콩닥거리다가 엄마가 일어나라고 깨우는 소리에 한숨을 쉰다. 엄마가 방에 들이닥치기 전에 미니 블로그 등을 잽싸게 확인한다. 밤새 뭔가 재미있는 일은 없었는지 살펴보는 것이다.

아침 7시 30분

엄마가 차려 준 아침밥을 먹으면서 친구들과 톡톡 방에서 채팅한다. 수시로 다른 메시지가 올라온 게 없는지 확인한다. 밥 먹으면서 스마트폰을 본다고 엄마에게 잔소리를 듣고는 어쩔 수 없이 스마트폰을 내려놓는다. 그러나 밥을 먹으면서도 눈은 스마트폰에 가 있다.

아침 8시

학교에 가기 위해 집을 나선다. 그리고 스마트폰을 챙겼는지부터 확인한다. 집을 나서면서 이어폰을 귀에 꽂고 스마트폰으로 음악을 듣는다. 진동이 울린 것 같아서 스마트폰을 꺼내 메시지를 확인해 보지만, 아무것도 와 있지 않다.

아침 8시 30분

교실에 들어선다. 진동이 울리는 것 같아서 확인해 보니, 친구들의 문자가 와 있다. 아이들과 신 나게 문자를 주고받고 있는데 담임 선생님이 교실에 들어오신다. 어쩔 수 없이 스마트폰을 집어넣어야 한다. 담임 선생님은 학교에서 스마트폰을 쓰지 못하게 하기 때문이다. 하지만 책상 아래나 필통 안에 스마트폰을 두고 간간히 화면을 들여다본다.

정오

점심시간이다. 오늘 메뉴는 불고기와 상추쌈이다. 야채를 싫어하는 윤아는 어쩔 수 없이 상추를 먹고 있다. 주머니에서 스마트폰이 진동한다. 점심시간에 몰래 스마트폰을 진동으로 해 두었다. 친구가 보낸 문자다.

'우웩. 상추쌈! 정말 구려!'

윤아 역시 동감의 문자를 보낸다. 점심식사를 마친 뒤, 선생님 몰래 스마트폰으로 게임 속 농장이나 동물을 키우고 미니 블로그 등을 확인한다.

오후 3시 30분

드디어 수업이 끝났다. 윤아는 교실을 나서면서 제일 먼저 스마트폰을 꺼낸다. 스마트폰 세계에서 중요한 일은 없었는지 두루 점검한다. 톡톡 방에 벌써 친구들이 들어와 있다. 학원에 가는 시간이 20분 정도 남아서 그동안 아이들과 톡톡 채팅을 한다. 학원 앞 횡단보도에서 신호를 잘 보지 못하고 건너려다 하마터면 급히 지나는 차에 다칠 뻔했다.

저녁 7시

학원이 끝나고 집에 가는 길이다. 스마트폰으로 최신 동영상을 다운받아서 보고 있다. 어찌나 웃긴지 길에서 깔깔대며 웃음을 터트렸다.

저녁 7시 30분

저녁 식탁에 스마트폰을 놓아두고 밥을 먹다가 엄마에게 스마트폰을 빼앗겼다. 숙제를 다 마친 다음에 돌려주겠다며 엄마가 스마트폰을 압수했다.

저녁 8시 30분 ~10시

오늘따라 학교 숙제와 학원 숙제가 많아서 해도 해도 끝나지 않을 것 같았다. 자꾸만 귀에서 스마트폰 진동음이 들린다. 하지만 엄마가 아까 스마트폰을 압수해서 윤아 옆에는 스마트폰이 없다. 윤아는 숙제하는 동안 무슨 중대한 일이 벌어지지는 않았는지 궁금해서 미칠 지경이다. 애들이 이미 톡톡 방에 들어와 대화하고 있을 것이다. 얼른 확인해 보고 싶어서 미치겠다!

밤 10시

잠잘 시간이다. 윤아는 엄마가 돌려준 스마트폰으로 메시지랑 이메일을 확인했다. 휴, 다행이다! 그동안 특별한 일은 없었다. 윤아는 앱에 들어가 새로운 노래를 다운받았다. 그때 친구들이 톡톡 메시지를 보냈고, 애들과 신 나게 채팅했다. 졸려서 눈이 감기는데도 스마트폰에서 눈을 뗄 수가 없다.

스마트폰 중독인지 스스로 살펴봅시다!

윤아의 하루를 보니 어떤가요? 혹시 지금 나와 비슷하지는 않나요? 누구나 '아무리 그래도 나는 스마트폰 중독이 아니야!'란 생각을 하고 있을 거예요. 내가 정말 스마트폰 중독인지, 아닌지를 판단하는 기준이 있답니다.

　※ 3개 이하는 '정상', 4~7개는 '중독 초기', 8개 이상은 '중독 심각'을 나타냅니다.

1. 잠자기 전에 스마트폰을 손에 닿는 곳에 놓거나 손에 쥐고 잔다.
2. 컴퓨터보다 스마트폰으로 웹 서핑하는 것이 좋다.
3. 와이파이가 되지 않는 지역에 오래 있으면 스트레스를 받는다.
4. 구형 휴대폰인 피처폰이나 컴퓨터를 사용할 때 나도 모르게 터치를 한다.
5. 스마트폰을 사용하다가 뒷목이 땅기거나 손이 찌릿한 경우가 있다.
6. 눈을 뜨자마자 스마트폰으로 뉴스를 보거나 블로그, 페이스북 같은 SNS 사이트에 들어간다.
7. 화장실에 갈 때 아무리 급해도 스마트폰을 챙긴다.
8. 배터리 잔량이 20% 이하로 떨어지면 불안하고 초조해진다.
9. 무료라고 해서 다운받은 애플리케이션이 스마트폰 화면 한 페이지가 넘는다.
10. 궁금한 것이 있으면 옆 사람에게 묻기보다 스마트폰으로 검색한다.

(출처-KT IT 서포터스)

스마트폰을 똑똑하게 쓰려면 어떻게 해야 할까요?

'스마트폰'은 말 그대로 안 되는 게 없는 내 손 안의 똑똑한 전화기이며 컴퓨터입니다. 굳이 노트북을 들고 다니지 않아도 스마트폰으로 메일을 보낼 수 있고, 전화나 문자도 할 수 있고, 길을 찾고 싶을 때 교통정보를 알 수 있습니다. 인터넷 검색도, 영화나 책도 볼 수 있고 음악 감상도 할 수 있구요. 사진을 찍고, 그 사진을 멋지게 꾸밀 수도 있으며, 그림을 그릴 수도 있어요.

여태까지 세상에 나온 기기 중에 가장 나의 요구를 잘 들어주는 똑똑한 기기이지요. 하지만 이 점 때문에 누구나 쉽게 스마트폰 중독에 빠질 수 있습니다. 내 손 안에 문자, 채팅, 영화 감상, 음악 감상, 이메일, 전화, 책 읽기 등 내가 하고 싶은 거의 모든 것을 할 수 있는 똑똑한 만능기기가 있는데 어떻게 그 안에 푹 빠지지 않을 수 있을까요? 그런데 어른들은 왜 스마트폰에 중독되면 위험하다고 하는 걸까요? 그리고 스마트폰을 똑똑하게, 현명하게 쓰려면 어떻게 해야 될까요?

스마트폰 중독이 왜 위험한 거죠?

　스마트폰 중독은 인터넷 중독보다도 그 심각한 정도가 더 높다고 볼 수 있어요. 스마트폰 중독에 빠지면 온종일 스마트폰을 들여다보느라 학교 공부도, 학원에 가는 시간도 잊게 되지요. 그러다 보면 자기 할 일을 제대로 못해서 성적이 떨어지고, 내 미래를 위한 노력을 게을리하게 됩니다. 스마트폰 게임에 매달리거나, 톡톡 메시지 때문에 몇 시간을 보내고 나면 정작 내 할 일을 할 시간은 없어지게 됩니다.

　또한 스마트폰으로는 진정한 친구를 만들기가 힘들어요. 페이스북이나 트위터에 수천 명의 친구가 있어도, 그 사람들이 진정한 내 친구가 되지는 않아요. 가상세계이기 때문에 가면을 쓴 사람들도 많이 있어서 실제 모습과 다르기도 하거든요. 게다가 채팅은 서로 이야기하면서 오해가 생길 여지도 커요. 서로 진심을 주고받기도 어렵고요. 진정한 친구란, 내가 어려울 때 위로해 주고, 바른 길을 이끌어 주는 사람이에요. 그러기 위해서는 친구들과 직접 만나 얘기를 나누고 운동, 콘서트 가기 같은 다양한 활동을 함께하는 것이 더 좋겠지요.

　스마트폰에는 위험하고 나쁜 애플리케이션도 많은데다가 무분별한 채팅하게 될 가능성도 커요. 그런 행동은 종종 생각지도 못한 결과를 불러옵니다. 스마트폰을 통해 모르는 사람과 대화를 나누거나, 내 신상 정보를 보내는 것, 모르는 사람을 만나는 일은 아주 위험한 행동이라는 것을 명심해야 해요. 그런 행동으로 위험한 범죄에 노출되는 사건이 아주 많거든요. 스마트폰으로 왕따, 학교 폭력, 불건전한 아르바이트, 성폭력 같은 범죄의 타깃이 될 가능성은 매우 높답니다. 혹시 다음과 같은 상황이라면 스마트폰 사용을 얼른 줄여야 해요.

1. 온종일 스마트폰을 붙잡고 지낸다. 학교 성적이 떨어지고, 다른 일을 거의 하지 못한다.
2. 스마트폰이 없으면 불안하거나 금단 증상이 나타난다.
3. 스마트폰으로만 친구를 사귀어서 실제 학교나 학원 같은 곳에서 친구나 다른 사람을 대하는 게 어색하다.
4. 스마트폰을 늘 긴 시간 동안 하다 보니 잠잘 시간이 부족하고, 눈과 목 등이 아프다.
5. 게임이나 자극적인 애플리케이션에만 눈이 간다.
6. 유료 애플리케이션을 많이 쓰고 데이터 사용량을 넘어서 스마트폰 요금이 엄청나게 나온다.

7. 친구들과 밖에서 뛰노는 것보다 가만히 앉아서 스마트폰 세상을 돌아다니는 게 더 재미있다.

스마트폰 중독에서 벗어나 보아요!

지금 내가 스마트폰에 푹 빠져서 헤어 나오기 힘들다면 다음과 같은 방법을 써 보세요.

탈출 방법 1. 스마트폰 사용 시간과 횟수를 정하기!
스마트폰 사용 시간과 장소, 게임 시간과 횟수를 정해 둡니다. 그런 다음 스스로, 그리고 가족들과 함께 스마트폰을 쓰는 것을 점검합니다.

탈출 방법 2. 산책, 운동, 친구 모임 같이 밖에서 하는 활동을 늘리기!
우리 친구들이 학교와 학원 생활로 워낙 바쁘다 보니, 친구들과 함께하는 바깥 활동이 적을 수밖에 없어요. 친구들과 노는 시간이 적어서 스마트폰을 더 쓰게 되는 부분도 크답니다. 바깥에서 활동하는 시간을 늘리고, 톡톡 채팅으로 말하지 말고 친구들과 직접 만나 이야기하면서 스마트폰 사용을 줄여 보세요.

탈출 방법 3. 가족들과 대화하고 밥 먹을 때는 무조건 스마트폰을 다른 방에 두기!

요즘은 가족이 한자리에 모여 저녁식사를 하는 것도 힘들어요. 엄마와 아빠가 얼마나 우리를 보고 싶어 하는데요. 온 가족이 함께 있는 시간에는 꼭 스마트폰을 다른 방에 두고 가족과의 시간을 즐겁게 보내야 해요. 또 밥을 먹을 때도 스마트폰을 멀리 두어야 합니다. 혹시 스마트폰이 엄마와 아빠보다 더 소중한 건 아니겠지요? 스마트폰보다는 엄마, 아빠의 얼굴을 보며 즐겁게 시간을 보냅시다!

탈출 방법 4. 스마트폰 애플리케이션을 설치하지 말기!

새로운 앱을 보면 궁금해지고 해 보고 싶은 마음이 생겨요. 새로운 정보가 보이고, 유혹거리가 눈에 띄면 그걸 물리치기는 쉽지 않아요. 아예 애플리케이션을 설치하지 않으면, 유혹을 휘둘릴 일도 없답니다.

탈출 방법 5. 부모님에게 스마트폰을 일정 시간 맡기기!

　스스로 스마트폰을 덜 쓰기 힘들다면, 부모님의 도움을 받아야 해요. 매일 부모님에게 스마트폰을 일정 시간 맡겨 두고, 필요할 때만 가져다 쓰는 거지요. 처음에는 불편하겠지만 시간이 지나면 스마트폰에 빠진 생활에서 조금씩 벗어나게 될 거예요.

탈출 방법 6. 스마트폰에서 피처폰(구형 휴대폰)으로 돌아가기!

　여러 방법을 다 써도 유혹에 벗어나기 어렵다면, 아예 유혹의 대상을 없애는 방법을 써 보는 거예요. 스마트폰은 워낙 기능이 많아서 이것저것 눈길이 가지요. 아예 기능이 단순한 피처폰으로 바꾸면 중독에서 벗어나기 훨씬 쉬워요.